文化自信背景下
大学英语教学的改革与发展

魏 德 著

天津出版传媒集团

天津科学技术出版社

图书在版编目（CIP）数据

文化自信背景下大学英语教学的改革与发展 / 魏德
著. -- 天津：天津科学技术出版社, 2024. 5. -- ISBN
978-7-5742-2199-4

Ⅰ. H319.3

中国国家版本馆CIP数据核字第2024BL0271号

文化自信背景下大学英语教学的改革与发展
WENHUA ZIXIN BEIJING XIA DAXUE YINGYU JIAOXUE DE GAIGE YU FAZHAN

责任编辑：刘　鹈

责任印制：兰　毅

出　　版：天津出版传媒集团
　　　　　天津科学技术出版社

地　　址：天津市和平区西康路35号

邮　　编：300051

电　　话：（022）23332377

网　　址：www.tjkjcbs.com.cn

发　　行：新华书店经销

印　　刷：河北万卷印刷有限公司

开本 710×1000　1/16　印张 14.5　字数 210 000
2024年5月第1版第1次印刷
定价：88.00元

前　言

　　在这个多元文化共存的时代背景下，文化自信成了一个极为重要的话题。人们应该要有足够的自信，认识到自己文化的价值，保持文化的独立性，同时在跨文化交际中展现出自己文化的独特魅力。这不仅是实现文化的可持续发展的必要条件，也是对国家文化软实力的一种提升。与此同时，国际化和信息化的浪潮席卷全球，给人类社会带来了前所未有的深刻变革。在这个过程中，跨文化交际成为一个不可回避且日益重要的现象。中国在经济实力不断增强的同时，与世界各国的互动变得日益密切，这就要求人们必须更加注重跨文化研究和相关知识的传播。这不仅仅是学者和教育者需要关注的问题，也是每一个公民要考虑的问题。对于每一个公民来说，掌握跨文化交际的基本知识也变得尤为重要。因此，英语及英语文化教学自然也成为教育界关注的热点话题。

　　在这样的时代背景下，大学英语教学肩负着培养学生英语综合运用能力的重任，其改革和发展变得尤为迫切。随着经济全球化的不断深入和文化多元化的日益加剧，文化冲突和融合成为常态，这就要求学生必须具有足够的文化自信，能够在多元文化的交流中坚持自我，展示自身文化的独特魅力。文化自信成为推动大学英语教学改革的内在动力，也是人们在这个多元化世界中立足的基石。这就是本书探讨的主题，也是各位教育工作者在未来的教学和研究中需要不断追求和深化的方向。

　　本书立足文化自信，全面分析了文化的概念、内涵、文化的特征与分类、文化自信的基本内涵、文化自信的生成逻辑以及文化自信的现实意义，为读者深入理解文化自信提供了坚实的理论基础。同时，本书对大学英语教学的理论依据、教学目标、教学方法、大学英语教学改革的发展历程、大学英语教学改革的背景和要求进行了详细阐述，为读者把握大学英语教学改革的脉络提供了清晰的指导。

在文化自信背景下，大学英语教学必须实现从知识传授到文化引领的转变，这不仅仅是一种教学方法的变革，更是一种教学理念的更新。本书在第三章"大学英语教学的文化转向"中，系统地探讨了大学英语文化教学的概念、内容、意义、原则和方法，为大学英语教学的文化转向提供了科学的指导。在第四章和第五章中，本书分别从基础教学和应用能力教学两个层面，深入探讨了文化自信背景下大学英语教学的改革与发展策略。在词汇、语法、听力、口语、阅读、写作、翻译等方面，提出了一系列创新性的教学方法和策略，旨在帮助学生提升英语能力的同时，增强对中华文化的认识和自豪感。

教学评价作为教学过程中不可或缺的一环，其改革同样重要。本书第六章详细讨论了文化自信背景下学生评价、教师评价和教学管理评价的改革与发展，为构建更加科学、合理、有效的评价体系提供了有力的支撑。此外，本书还重点探讨了文化自信背景下大学生思辨能力的培养以及大学英语教师专业素养的提升，旨在从学生和教师两个层面推动大学英语教学的全面发展。

总体来说，本书全面系统地探讨了文化自信背景下大学英语教学的改革与发展问题，不仅为相关领域的研究者提供了宝贵的参考资料，也为一线教师和学生提供了实用的教学指导。作者相信，在文化自信的引领下，大学英语教学必将迎来更加美好的明天。

目　录

第一章 文化与文化自信

第一节 文化的概念与内涵

一、"文化"的东方释义

（一）古汉语中的"文化"概念

古汉语中，"文化"一词蕴含着深厚的历史底蕴和独特的文化内涵。周文王姬昌在《易经》中提到："观乎天文，以察时变；观乎人文，以化成天下。"《易经》中的"文化"，便是"人文化成"这一表述的由来。在此，人们可以将"文化"理解为"以文启化"的过程，通过观察和引导人类社会的发展，让世人都能践行文明礼仪，表现出得体的行为。

在中国古代，"文化"一词的最早记录可见于西汉时期刘向编撰的《说苑》："圣人之治天下也，先文德而后武力。凡武之兴，为不服也；文化不改，然后加诛。"该句中"文化"的含义是"以文治为主，教化为辅"的文治策略。在这一语境中，"文化"表达的是通过伦理道德的教导，引导人们从内心发出对美好事物的向往，并在行为上达到"情感发自内心，而止于礼仪规范"的境界的含义。

通过以上的分析和理解，古汉语中的"文化"可以被解读为一个包含教化、文治和引导社会发展的综合概念。它强调的是通过文学、道德和礼仪等手段，引导人们向善，形成一个和谐有序的社会。在这个过程中，"文化"不仅是一种外在的行为规范，更是一种内在的情感驱动和道德引导，其目的在于促使个体和社会达到一种高度文明和谐的状态。

（二）我国学术界对文化概念的解读

我国学术界对文化的理解和定义呈现出多元化的态势，既有从本土社会发展出发的思考，也有受到西方学术理论影响的解读。这种多元化的理解和解读，不仅丰富了中国学者对文化这一概念的认识，也为学者更好地研究和把握文化现象提供了坚实的理论基础。

1. 根据本土社会发展得出的理解

《辞海》作为学术界较为权威的著作，给出了关于文化概念的广义和狭义两种解释。在广义层面上，文化被定义为人类在其社会实践过程中创造的包括物质和精神两方面财富的总和以及人类积累的生产能力。这一定义突出了人类与动物、社会与自然之间本质的区别，强调了人类社会实践对于文化形成的决定作用。在狭义层面上，文化则指代精神生产能力和精神产品，包括各种社会意识形态，并且有时还专门指涉及教育、科学、文学、艺术等领域的知识和设施。这一定义揭示了文化与人类社会经济基础的紧密联系，体现了人们对精神文化的本质的深刻把握。

2. 受到西方学术理论影响的解读

中国学者在文化概念的解读上也受到了西方学术界的影响。例如，童庆炳在其著作《文学理论要略》中，从符号学的角度对文化进行了定义，认为文化是人类符号创造活动及其符号产品的总称，并且这些符号活动和产品凝聚着人类的信念、情感、价值和意义，体现了人类对理想的追求。这一观点不仅丰富了文化概念的内涵，也为人们理解文化的复杂性和多维性提供了新的视角。

二、"文化"的西方释义

在西方的语境中，"文化"这一概念拥有着丰富而深刻的历史渊源，其起源可以追溯到拉丁语中的"culture"。最初，"culture"这个词主要是用来描述农业活动中的土地耕种和植物栽培，强调的是人类对自然环境的改造和利用。随后在西方学术发展历程中，"文化"这一概念经历了深刻变革与不断丰富。18世纪启蒙时代的到来，标志着人们对文化这一概念有了更深刻的认识，而在此之前，人们对文化的认识更多停留在经验的层面。在启蒙时代，哲学家和学者开始对文化进行更为深刻和系统的思考，试图从哲学和科学的角度来解读文化的本质和作用。

康德（Immanuel Kant）在《判断力批判》中提出了他对文化的定义和理解，将文化视为一种达成目的的有效创造，强调了人作为有理性实体在文化发展中的主导地位。这一观点不仅体现了人类理性的力量，也为后来的文化研究提供了一个重要的出发点。康德认为，文化是人类自由选择目的和实现自我发展的必要条件，这一观点为后来人们对文化功能和价值的探讨提供了理论支持。

进入19世纪，随着文化人类学的兴起，人们对文化的认识达到了新的高度。泰勒（Taylor）的《原始文化》不仅提出了一个综合性的文化定义，更强调了文化中的精神元素和多样性。他将文化看作一个包含知识、信仰、艺术等多个方面的复合体，这一定义影响深远，为后来文化研究的深入奠定了基础。马林诺夫斯基（Bronislaw Kasper Malinowski）的观点进一步丰富了人们对文化的理解，他将物质、精神、语言和社会组织视为文化的重要组成部分，强调了这些元素之间的内在联系和相互作用。[1]

至20世纪，文化研究已经形成了一个多学科、跨领域的综合性研究领域。不同学科和领域的学者从各自的视角对文化进行了深入研究，虽然没有形成统一的文化概念，但却极大地丰富了人们对文化的认识。萨丕尔（Sapir）从历史和语言的角度对文化进行了定义，将文化看作是通过社会遗产传承下来的一切，这一观点不仅体现了文化的历史维度，也强调了语言在文化传承中的重要作用。[2]

进入21世纪，随着符号观点的引入，人们开始从符号学的角度理解

---

[1]　马林诺夫斯基. 文化论 [M]. 费孝通，译. 北京：中国民间文艺出版社，1987：3.

[2]　萨丕尔. 萨丕尔论语言、文化与人格 [M]. 高一虹，等译. 北京：商务印书馆，2011：235.

文化。美国新进化论学派的代表人物怀特（White）提出文化符号论，为文化研究带来了新的血液。怀特认为，文化是一个以符号为特征的自成体的现象领域，由技术体系、社会体系和观念体系构成。①这种观点强调了符号在文化持续性和传承中的核心作用。这种对文化的符号学解读，不仅丰富了人们对文化内涵的认识，也为人们理解文化的多维性和复杂性提供了新的工具和框架。

雷蒙·威廉斯（Raymond Williams）的文化理论进一步扩展了文化概念的边界，他提出了三种文化定义方式，包括将文化视为最优秀的思想和艺术经典的"思想"文化定义，将文化理解为知性和想象作品整体的"文献式"文化定义，以及将文化看作整体生活方式的"社会"文化定义。②特别是他的"社会"文化定义，将文化概念推向了一个新的高度，强调了文化在人类社会生活中的全面性和根本性。这种理解不仅将文化与日常生活紧密联系在一起，也为后来的文化研究提供了坚实的理论基础。

联合国教科文组织的《文化统计框架——2009》对文化及其产业进行了详细的界定，这不仅对于收集各国文化统计数据具有重要意义，也为全球文化研究提供了一个共同的参考框架。这个框架将文化定义为社会或社会群体所独有的一套精神、物质、智力和情感特征的复合体，突出了文化的多元性和全面性。

---

① 怀特. 文化科学：人和文明的研究 [M]. 曹锦清，等译. 杭州：浙江人民出版社，1988：117.

② 威廉斯. 文化与社会：1780—1950[M]. 高晓玲，译. 北京：商务印书馆，2018：384.

第二节　文化的特征与分类

一、文化的特征

（一）稳定性

文化的稳定性是其内在特征之一，体现在人类社会长期形成的价值观念、行为规范和生活方式上。这种稳定性不仅是历史沉淀的结果，也是文化自我调节和自我保护的体现。它确保了社会发展的连续性和社会秩序的稳定，使人类能够在不断变化的环境中保持一定的文化连贯性和认同感。文化稳定性的形成是一个复杂的过程，它涉及诸多的社会、经济和政治因素。这种稳定性并不意味着文化是静态的或者不变的，相反，文化是动态发展的，它在稳定的基础上不断演变和创新。但是，这种演变和创新是在确保核心价值观和基本特征不变的前提下进行的。

（二）变化性

文化的变化性是其最显著的特征之一，是人类社会前进不断发展的重要推动力。文化变迁并非孤立发生，而是与社会、经济、政治等多种因素紧密相连，反映了人类对客观环境适应和改造的过程。

当客观环境发生改变时，文化也必然发生变化。这种变化既可以是缓慢的、渐进的，也可以是迅猛的、突然的。例如，技术的进步、新发现的出现、社会制度的变革等都能引发文化的变迁。这种变迁通常是全方位的，影响着人们的生活方式、价值观念、行为习惯等多个方面。然而，文化的变迁并非总是一帆风顺。它会遭遇到各种阻力，如保守的观念、陈旧的传统等。新事物能否被接受，不仅取决于它本身的特性，也取决于社会对其的态度和反应。那些能引起人们兴趣、与现有文化相融合的新事物更容易被接受，而那些与传统文化冲突较大的新事物则可能遭到抵制。

随着经济全球化的深入推进，文化交流也变得更加频繁，不同文化之间的相互影响也越来越深。这既是文化变迁的动力，也是文化变迁的结果。在这个过程中，一些地方性的、民族性的文化特色可能会逐渐消失，但同时会产生新的文化形式。

（三）系统性

文化的系统性体现在它是一个由众多要素组成、各要素之间相互联系和影响的有机整体。这些文化要素包括语言、宗教、艺术、习俗、价值观、社会制度等，它们共同构成了一个复杂而独特的文化系统。每一个文化要素都承担着特定的功能，对整个文化系统的运转和发展起着不可替代的作用。文化系统不仅仅是各个独立要素的简单叠加，更重要的是这些要素之间相互作用、相互影响，共同形成了文化的结构和功能。例如，在中国古代，儒家文化在政治、教育、家庭等方面都有着深远的影响，它强调孝道、礼貌、忠诚等价值观，这些观念和制度又相互联系，共同塑造了中国古代社会的特点。

从系统论的角度看，文化作为一个开放的系统，既受到内部因素的影响，也受到外部环境的作用。内部因素包括文化传统、历史遗产等，外部环境则包括其他文化、经济发展、政治变革等。这些因素共同作用，推动文化系统的变化和发展。

（四）民族性

文化的民族性体现在文化是特定的民族在长期共同生活和实践活动中形成的，它承载着这个民族的历史记忆、价值观念和生活方式。每个民族都有其独特的文化特征，这些特征在语言、宗教、艺术、习俗等方面都有所体现。文化的民族性并不意味着文化是封闭的，相反，文化的交流和融合是推动文化发展的重要力量。在经济全球化的背景下，人们之间的文化交流越来越频繁，不同民族的文化在交流中相互借鉴，共同发展。但这并不意味着文化的民族性会消失，每个民族的文化都有其独特的根和魂，这是不会随着交流而改变的。文化的民族性是文化多样性的重要体现。保护每个民族的文化特征，尊重每个民族的文化选择，是维护文化多样性的基础。文化多样性不仅是人类文化宝库的重要组成部分，也是推动人类社会进步和发展的重要力量。

（五）传承性

文化是一种历史的积淀，文化传承是将一代人的智慧、习俗、艺术、道德观念和生活方式等传递给下一代。这种传递不仅仅是一种简单的复制，更是一种创造性的转化和发展。在文化传承的过程中，每一代人都会在前人的基础上加入自己的理解和创新，使得文化在传承中不断丰富和发展。

文化的传承不仅体现在物质文化遗产上，如建筑、工艺品等，也体现在非物质文化遗产上，如语言、风俗习惯、节庆活动等。这些文化遗产是民族历史和文化的载体，是连接过去与现在的桥梁。例如，京剧作为中国传统的戏曲艺术形式，其表演风格、唱腔、服饰等都蕴含着丰富的文化内涵，它的传承不仅仅是艺术形式的复制，更是对传统文化精神的继承和发扬。文化的传承也面临着挑战，随着社会的快速发展和文化交流的日益频繁，一些传统文化面临着被边缘化和遗忘的风险。因此，加强对传统文化的保护和传承显得尤为重要。这不仅需要政府和社会的共同努力，更需要每一代人的自觉行动。人们要通过教育、媒体传播等途径，将文化的精髓传授给下一代，使文化在传承中焕发出新的生命力。

（六）符号性

文化的符号性特征是其最本质的属性之一，体现了人类通过具体的活动和产物来表达和传递其精神和价值的能力。

人类社会的发展历程可以视为符号使用能力不断增强的过程。从早期的图腾崇拜、洞穴壁画到现代的语言文字系统，再到数字时代的符号传播，人类通过不断创造和解读符号，推动了社会的进步和文化的发展。文化的符号性特征使得人类能够在精神上超越物质世界的局限，构建起一个更为复杂的内在世界和社会结构。每一个文化符号都是人类智慧的结晶，是对自然界和社会现象的理解和解释。通过这些符号，人类不仅能够记录和传播知识，还能够表达情感、设定规范和塑造身份。

人类生活在由符号构成的世界中，这些符号既是人类文化的产物，也是构成人类文化本质的基础。语言、艺术、宗教和神话等文化形式，都是符号的具体表现形式，它们相互交织，形成了一个复杂的符号网络。符号的使用让人类能够把个体经验抽象化、普遍化，从而促进文化的传承。换句话说，文化的符号性不仅体现在其能够记录和传达信息等功能上，更重要的是它能够促进人类社会的发展。通过创造符号和解读符号，人类不仅赋予了物质世界以新的意义，也在精神层面上实现了自我超越和文化传承。

二、文化的分类

文化作为一个多维度的复合系统，其结构呈现出丰富的层次性和稳定性，同时又具备明显的等级性。文化的边界涵盖了社会生活的各个方面，包括人们的行为方式、思维习惯、价值观念、艺术表现等。在对文化结构的划分上，学者提出了多种分类方式，以捕捉其复杂性和多样性。常见的分类方法包括二分法、三分法和四分法等。二分法将文化划分为物质文化与精神文化，实体文化与观念文化，有形文化与无形文化，外显文化与内隐文化等，体现了文化的外在表现和内在本质的区别。三分法通常将文化分为物质文化、制度文化和精神文化，反映了文化的不同维度和层次。四分法则更为细致地将文化划分为物质、制度、行为习惯以及思想与价值四个方面。

在学术界，尤其是在人类学领域，三分法被人们广泛认可和应用。英国人类学家马林诺夫斯基提出的"文化三因子"说，就是将文化的结构划分为物质、社会组织和精神生活三个层次，[①] 这一划分方法也被许多中国学者采纳。在这个框架下，物质文化被视为文化系统的基础和前提，涵盖了人类创造和使用的物质财富。制度文化则被看作是文化的调节和保障，包括规范人类行为的法律、习俗和传统等。而精神文化则位居文化结构的核心位置，反映了人类的价值观、信仰和思维方式，是文化系统的灵魂。

---

① 马林诺夫斯基. 文化论 [M]. 费孝通，译. 北京：中国民间文艺出版社，1987：4—10.

（一）物质文化

物质文化是人类为了生活、生存等需要所创造出的物质产品中所表达出来的文化，是外显的、易被感知的文化要素，既包括具体的器物以及这些器物的生产工艺和技术，又包括器物中体现出的人们的精神、欲望、智慧、兴趣爱好等。人类创造物质财富的总和、文化整体演进的基础构成了物质文化的内涵。物质文化是人类文化展示的重要载体，在服饰、饮食、居住、交通等方面表现得最为典型。

1.服饰文化

服饰文化是人类文明发展历程中的重要组成部分，是一种文化和精神的表达。服饰的设计、制作和穿着方式承载着丰富的文化信息，反映了人们的审美观念、价值观以及社会地位和身份。它既是人类对美的追求和表达的一种方式，也是一种社会文化现象。

在不同的地域和历史时期，服饰文化展现出独特的地域特色和时代特点。不同地区的气候、地理环境、生产方式和生活习惯，都深刻地影响和塑造了当地的服饰文化。例如，寒冷地区的服饰注重保暖性，而热带地区的服饰则更加轻薄透气。历史的变迁也使得服饰的样式和功能发生了巨大的变化，反映了人类社会的进步和文化的发展。此外，服饰文化还是一种社会文化现象和社会心理的外在表现。人们通过服饰来表达自己的个性、情感和社会态度，服饰成为一种社会语言，是人与人沟通交流的一种非语言方式。服饰的选择和搭配反映了个体的审美情趣、价值观念和生活态度，也体现了一个时代的文化特征和社会风貌。

2.饮食文化

饮食文化是人类长期生活实践的产物，它包含了食物的生产、加工、制作和消费等各个环节，涉及农业、手工业、商业等多个领域。饮食不仅仅是为了满足人的生理需求，更是一种文化现象，反映了人类的生活方式、社会结构和文化观念。饮食文化有着鲜明的地域特色和民族特点，它是在特定的自然环境和社会环境中形成的，体现了一个地区的自然资源、经济条件和文化传统。不同地区的饮食文化有着不同的食材选择、烹饪技术和食用习惯，形成了各具特色的饮食风味。

随着社会的发展和文化的交流，饮食文化也在不断地发展和变化。现代饮食文化不仅仅局限于传统的食材和烹饪方法，更加注重食物的营养和健康，注重饮食与环境的和谐共生。同时，饮食文化成为文化交流的重要内容，各国饮食文化的相互借鉴和融合，丰富了人类的饮食文化，也促进了世界文化的多元发展。

3. 居住文化

居住文化是人类社会发展进程中形成的一种重要文化现象，它不仅仅反映了人类的居住习惯和生活方式，更是一个地区经济水平、文化背景和社会结构的直观体现。居住文化的形成受地理环境、历史传统和社会发展等多种因素的影响，因此它具有鲜明的地域特色和时代特点。

在居住空间的选择和规划方面，人们根据自然条件、社会需求和文化习惯，形成了各种不同的居住模式。城市和农村的居住文化的明显差异，反映了不同地区的经济发展水平和生活方式的差异。随着社会的发展和科技的进步，居住文化也在不断地演变和更新，高楼大厦、智能家居等现代居住元素的出现，不仅提高了人们居住的舒适度和便利性，也反映了现代人对高质量生活的追求。居住文化还深刻地影响着人们的生活态度和价值观。人们通过对居住空间的布置和装饰来表达自己的个性和审美观念，居住环境成为个体性格和品位的外在体现。居住文化也在促进社区文化的形成和发展，人们在相互交往和共同生活中形成了共同的价值观和行为准则，促进了社区的和谐稳定。

4. 交通文化

交通文化作为社会文化的一个重要组成部分，反映了人类社会在交通领域的发展水平和文化成就。交通文化既包括交通工具和交通设施等物质层面的内容，也包括交通理念和交通行为等精神层面的内容。

交通文化在不同地区和不同时代展现出不同的特点。在物质层面上，各地区根据其自然条件和经济发展水平，形成了各具特色的交通工具和交通设施。在精神层面上，不同社会的交通理念和交通行为反映了该地区的文化传统和社会价值观。随着社会的进步和技术的发展，人们对交通文化的认识也在不断深化，交通文化的内涵也在不断丰富。交通文化对促进社会经济发展和提高人民生活水平具有重要作用。交通是联系社会各个领域的纽带，是推动社会经济发展的重要动力。交通文化的发展不仅促进了交通事业的进步，也促进了社会文明的提升，为人类创造了更加便利、高效的交通环境。交通文化也在引导人们文明出行，倡导绿色交通，推动了社会可持续发展的进程。

（二）精神文化

精神文化是文化的核心层，是人类在社会实践和意识活动中长期培育出来的价值观念、思维方式、道德情操、审美趣味、宗教情感、民族性格、文化信念、文化情趣等。精神文化是人类在改造自然和创造社会的过程中的思维活动和精神活动，是人类的文化心态在观念形态上的反映，是文化的核心部分。精神文化是人类在文化基础上产生的各种意识观念形态的集合，对物质文化、制度文化的发展有着巨大的制约作用。

精神文化作为一个复杂的文化体系，深深植根于社会的历史发展和民众的日常生活之中，其结构可以细分为意识形态文化和社会心理文化两个主要部分，它们相互作用、相互影响，共同构成了人类丰富多彩的精神世界。

1.意识形态文化

意识形态文化是一种高度系统化、理论化的社会意识形态，它包括政治理论、法权观念等基础性的意识形态，以及哲学、宗教、文学、艺术等更为观念化、情感化的元素。这些元素共同构成了一个社会的核心价值观和基本信仰，对个体的思维方式、价值取向、行为规范等具有深远的影响。通过教育、传媒等途径，意识形态文化得以传播和强化，成为社会凝聚力和文化认同感的重要来源。在这个过程中，意识形态文化也会不断地更新和发展，以适应社会的变革和人民需求的增长。

2.社会心理文化

与意识形态文化相辅相成的是社会心理文化。社会心理文化是人们在长期的社会生活中形成的一种集体的文化心理结构，它主要表现为特定社群的思维方式、价值取向、伦理观念等心理特征。这种文化心理结构对个体的心理活动和社会行为产生了深刻的影响。不同地域、不同民族、不同社会形态下的人们形成了各自独特的社会心理文化，形成了丰富多样的文化景观。这种文化心理结构具有较强的稳定性和持久性，不容易受外界因素的影响，因此它在一定程度上也决定了社群文化的连续性和稳定性。

（三）制度文化

制度文化是一种通过各种制度和组织机构体现的文化形式，它在人类社会中发挥着重要的调节和引导作用。制度本身就是一套规则，其定义了人们在社会中的行为方式和关系模式，涵盖了政治、经济、军事、教育、婚姻等各个方面。这些制度的形成是社会发展的产物，是人们在长期的社会实践中，为了更好地调节个体与群体，个人与他人之间的关系而形成的。

制度文化强调的是一种规范性和约束性，它要求人们在社会生活中遵循一定的规则和准则，以确保社会的有序运行和对个体利益的保护。制度一旦确立，就具有一定的强制性和权威性，成为指导人们行为的重要依据。这种强制性和权威性不仅体现在法律法规上，也体现在人们的道德观念和价值取向上。制度文化对物质文化和精神文化都有深刻的影响。它通过规范人们的行为，影响着物质文化的产生和发展；同时，它通过塑造人们的价值观念和思维方式，对精神文化产生着深远的影响。制度文化本身也是一种文化现象，它不仅反映了一个社会的历史和现状，也对社会的未来发展方向有着重要的指导意义。物质文化主要包括以下三个层面的内容。

1.基本层面

制度文化的基本层面主要是由长期积累的传统、习惯、经验和知识所构成。这一层面深深扎根于社会的历史和文化土壤中，体现了一个民族或社会的价值观念、道德伦理和风俗习惯。这些文化因素不仅是人们日常生活的重要组成部分，也是制度文化得以维持和发展的基础。在这个层面上，制度文化往往以不成文的规则和习惯法的形式存在，其强制性和权威性主要来自社会成员对传统和习惯的认同和遵守。

2.高级层面

制度文化的高级层面则是通过理性设计和建构形成的，反映了一个社区、一个社会甚至一个国家的正式制度。这些制度往往以成文法的形式存在，具有明确的规范性和权威性。它们是社会组织、管理和运行的基本框架，对维护社会秩序、促进社会发展起着至关重要的作用。这一层面的制度文化体现了社会对公平、正义、效率等价值的追求，是社会文明进步的重要标志。

3.实施机制层面

实施机制层面的制度文化包括机构、组织、设备等各种实施制度的工具和手段。这一层面的制度文化关注的是如何将制度的要求转化为社会实践，确保制度得到有效执行。它涉及制度执行的各个环节，包括制度的解释、实施、监督和评估等，是制度文化发挥作用的关键环节。

第三节　文化自信的基本内涵

一、文化自信的主要含义

文化自信是个体或集体对本民族文化价值、力量和地位的深刻认识和坚定信仰，体现为个体对本土文化的认同感、归属感和自豪感。这种心态是在长时间的文化积淀、传承和创新中形成的，反映了一个社会、国家或民族在文化领域的自觉和自信。

从根本上讲，文化自信源于文化主体对本土文化的深刻认识和理解。这种认识和理解不是盲目地崇拜，而是建立在文化主体对文化历史的深刻洞察、对文化价值的准确评估和对文化发展趋势的科学把握的基础上的。在这个过程中，文化主体通过对本土文化的认知、批判和反思，形成了一种稳定而深刻的文化自觉和文化自信。文化自信还体现在文化主体对民族精神和文化凝聚力的维护上，它能够增强民族的自豪感和向心力，营造积极向上、团结一心的社会氛围。一个具有强烈文化自信的国家和民族，能够在全球化的大背景下，保持自身文化的独特性和活力，不会被外来文化所同化。

文化自信并不是排斥外来文化，而是在对本土文化有深刻认识的基础上，能够包容和吸纳不同文化的优秀成分。这种开放的心态有助于本土文化的发展和创新，形成一种既有深厚传统根基，又有现代文明光芒的独特文化魅力。文化自信的形成，有助于进一步增强民族的凝聚力和创造力，推动社会的进步和发展。

从个体角度来看，文化自信表现为对本国文化和民族文化的高度认同和自豪。这种心态不仅体现在对传统文化的传承和保护上，也体现在对现代文化的认同和推广上。个体在文化自信的支持下，更容易形成积极向上的人生态度，为个人的成长和发展提供强大的精神动力。

二、文化自信的构成要素

（一）主体

文化自信的主体涵盖了从个体到整个社会的多个层面。

1. 个人主体

在个人层面，文化自信是个体对自己民族文化的认同和自信，这种自信来自其对本民族文化价值的认识和认同。这些个体可能是学者、艺术家或者普通民众，他们在日常生活中通过学习和实践，积累了深厚的文化底蕴，形成了对本民族文化的认同。例如，诗人徐志摩在 20 世纪初期，倡导自由恋爱，强调个性解放，他的作品和观点体现了他对中华文化的深刻理解和自信。[1]

---

① 徐志摩. 徐志摩自传 [M]. 武汉：长江文艺出版社，2019：87.

2. 集团主体

集团主体则是由一群有着共同文化认同和价值观的个体组成的集体，这些集体可能是社区、学术团体或者是企业。他们在共同的文化认同基础上，形成了强烈的文化自信。例如，京剧团体通过对传统戏曲的传承和创新，展示了对中华优秀传统文化的认同。

3. 社会主体

社会主体则是指整个民族或国家，这是文化自信最为宏大和深刻的层面。它是建立在个体和集体自信基础上的，体现了整个社会对本民族文化的认同和自信。在中国改革开放和现代化建设过程中，通过全社会的共同努力，中华文化展现出了强大的生命力和影响力，这就是社会主体文化自信的直接体现。整个社会对传统文化的传承和发展有着共识，并在这个过程中形成了强烈的文化自信。

（二）客体

文化自信的客体是多样化的，它不仅包括丰富多彩的中华文化，还包括了各个时期、各个领域所独有的文化形态。

中华文化博大精深，历史悠久，具有独特的魅力和影响力。这种独特性不仅体现为文化内容的丰富多样，还体现为独特的文化表现形式和传播方式。例如，中国的书法艺术、传统戏曲等，都是中华文化独有的艺术形式，它们承载着中华民族的历史文化和精神追求，是中华文化不可或缺的重要部分。改革开放以来，社会主义文化不断发展壮大，形成了具有中国特色的社会主义文化。这种文化既继承了中华文化的优秀成分，又吸收了世界各国先进文化的精华，是中华民族文化自信的重要体现。

在当代中国，随着经济社会的快速发展，网络文化、大众文化等新兴文化形式迅猛兴起，成为文化自信的新的客体。这些文化形式紧跟时代潮流，反映了当代中国社会的精神风貌，具有强烈的时代性和广泛的群众基础。例如，中国的网络文学通过吸收传统文学的精华，结合现代人的审美需求，创造出了大量深受年轻人喜爱的优秀作品，展示了中华文化的创新活力和自信。

（三）主客体关系

文化自信的主客体关系是复杂多样的，它涵盖了实践、认识和价值等多个层面。在这个关系中，个人、集团和整个社会作为主体，对文化的各个方面进行认知和实践，同时受到文化的深刻影响。

1.实践关系

在实践关系层面，主体通过对文化的运用和创新，推动文化的不断发展和进步。例如，科技领域的不断发展推动了文化的现代化，信息技术的应用使得文化传播更加便捷高效。主体在这个过程中既是文化实践的主导者，也是受益者，文化在这种互动中得以传承和创新。

2.认识关系

在认识关系层面，主体通过认识和理解文化，形成对文化的评价和选择。这种认识是主体价值观念、审美观念的重要来源，同时影响着个人和集体的行为和决策。例如，主体对环保文化的认识和接受，推动了社会的可持续发展，体现了文化对主体行为的引导作用。

3.价值关系

在价值关系层面，文化的价值观念和主体的需求形成了密切的联系。文化不仅提供了主体实现自我价值的平台，也是主体价值实现的重要内容。例如，中华优秀传统文化倡导的"仁爱""诚信"等价值观念，已经成为当代中国社会的核心价值观之一，指导着人们的日常行为。

三、文化自信的本质特征

（一）时代性

文化自信与时代紧密相连，展现出鲜明的时代特征。它并不是一个静态的概念，而是需要随着时代的变迁而不断发展和创新。每个时代的文化自信都承载着特定的使命和任务，反映了那个时代的文化追求和精神风貌。

在过去的五千多年中，中华民族创造了灿烂的文化，为中国人民树立文化自信提供了坚实的基础。这些历史文化是中华民族的财富，是激发中华民族自信心的动力。然而，中华儿女也必须清楚地认识到，文化自信不是简单地对过去文化的盲目自信或停滞不前的保守主义，而是要立足现实，紧跟时代的步伐，不断进行创新和发展。

在新时代的背景下，中华文化需要与世界各种优秀文化交流互鉴，吸收外来文化的长处，同时坚持自身的特色和优势，展现出独特的文化魅力。中华民族的文化自信应该是一种开放包容、与时俱进的自信。它要求中国人民在保持文化传统的同时，不断创新和完善，使文化始终充满活力和生命力。文化的现代性决定了文化自信的现代性。在当代社会，文化的力量不可小觑，它对社会的发展和人民的思想有着深远的影响。先进的文化能够推动社会进步，落后的文化则可能成为阻碍社会发展的绊脚石。因此，文化自信也必须具有时代的先进性，能够引领社会风气，提供正确的价值导向。

（二）民族性

文化自信所展现出来的民族性特征，是一个民族自我认同的重要体现。文化是民族的根本，是民族精神世界的集中体现。因此，对于任何一个民族来说，建立起对自身文化的自信是至关重要的。中华文化作为中国各族人民共同创造的文化遗产，是中华民族精神世界的核心内容，具有深刻的民族性。

（1）文化自信是对中华文化深厚历史底蕴的认同与自豪。中华文化有着几千年的悠久历史，它浸润了每一个中华儿女的心灵，塑造了中华民族独特的精神世界。中华文化博大精深，蕴含了深刻的哲学智慧，是中华民族共同的精神家园，也是促进民族团结的强大力量。

（2）文化自信对于增强民族认同、促进民族团结具有不可替代的作用。文化上的认同是最深层次的认同，它能够激发出民族的凝聚力和向心力，使得每个族群都能够在中华民族的大家庭中找到自己的位置，共同为中华民族伟大复兴而努力。

（3）文化自信是对抗文化侵略、维护民族文化主体性的重要武器。在经济全球化的今天，文化交流日益频繁，但也存在着文化霸权和文化侵略的现象。一些西方文化试图以其所谓的"普世价值"来同化其他民族文化。中华民族要坚守自身的文化立场，必须建立起坚定的文化自信，才能有效抵抗外来文化的侵略，保持民族文化的纯粹和独立。

（4）文化自信是中华民族创新发展的强大动力。在经济全球化时代，文化的创新和发展对于增强民族凝聚力和创造力具有重要意义。中华文化千百年来之所以能够源远流长，就在于它不断地进行自我革新，与时俱进。文化自信激发了中华民族对自身文化传统的热爱，对文化创新的追求，推动了中华文化在新时代的繁荣发展。

（三）包容性

文化自信的包容性体现为对多样化文化价值的尊重和对不同文明的积极学习。一个具有强烈文化自信的民族，会在继承和发扬自身优秀文化传统的基础上，积极吸纳和借鉴人类文明的优秀成果，使之成为增强自身文化生命力的重要源泉。中华文化历史悠久，博大精深，其包容性强、兼容并蓄的特质正是在与世界各大文明的交流互鉴中形成的。这种包容性并非消极地接受外来文化的一切，而是在坚持自身文化主体性的前提下，对外来文化进行批判性的吸收，使之服务于自身文化的创新和发展。通过这种开放包容的姿态，中华文化展示了其独特的魅力和强大的生命力，也为文化自信提供了坚实的基础。

文化自信的包容性还体现在对不同文化观点和价值的尊重上。真正的文化自信不是盲目自负，而是在坚守自身文化核心价值的同时，尊重其他文化的价值和存在。这种文化自信是建立在充分了解和认识自身文化的基础上，能够在全球文化多元共存的背景下，保持文化的开放性和包容性。在这种文化自信的引导下，各种文化可以在交流中求同存异，在竞争中共同进步，形成一种相互促进、共同繁荣的局面。这样的文化自信不仅有助于增强民族的凝聚力和文化的创造力，还有助于推动人类文明的共同进步和世界文化的多元发展。通过强调文化自信的包容性，人们可以更好地认识到，文化的发展需要吸收多元文化的养分，需要在交流中不断创新和完善自我，这是推动文化发展和促进文明交流互鉴的重要保障。

第四节　文化自信的生成逻辑

一、文化自信的生成根基

文化是一个国家最具吸引力的标志之一，它反映了整个民族的精神气质和文化底蕴。中华文化是世界上最古老、最持久的文化。新时代，在中国人民的不断努力下，中华文化的发展进入了新的征程。新的时代背景下，中华文化的发展需要更多的文化自信。在中华文化的不断演进中，在中华传统文化的基础上，在不同时代和不同历史国情的基础上，中国形成了以中华优秀传统文化为根基，结合不同的世情、国情的革命文化和社会主义先进文化。

（一）优秀传统文化

1.优秀传统文化的内涵

优秀传统文化的内涵丰富多样，它代表了一个民族在长期历史发展过程中积累下来的智慧和经验，是人类文明的重要组成部分。优秀传统文化涵盖了哲学、艺术、文学、宗教、道德、习俗等多个领域，是一个民族精神世界的重要体现。优秀传统文化在传承中不断演化和创新，对当代社会的发展和进步起着重要的推动作用，是不可或缺的精神财富和文化资源。

（1）优秀传统文化是一种精神财富。它包含了一个民族独特的世界观和价值观，体现了民族的智慧和创造力。这种文化不仅仅是历史的遗产，还能在历史的长河中不断演化和发展，不断地与时俱进，展现出旺盛的生命力。优秀传统文化中蕴含的深刻哲理和美学观念，至今仍对人们的思想和行为产生着深远的影响。

（2）优秀传统文化是一种社会黏合剂。它通过一代又一代人的传承，让人们形成了共同的记忆和认同，增强了社群的凝聚力和向心力。这种文化中包含的共同价值观念和行为准则，为社会提供了一种内在的规范和指引，有助于维护社会的稳定和和谐。

（3）优秀传统文化是一种创新的源泉。虽然它代表了过去，但在当代社会，优秀传统文化仍然是创新的重要源泉。对传统文化的现代解读和创新运用，可以激发人们的创造力和想象力，推动社会的进步和发展。这种文化的创新运用，既保留了传统文化的精髓，又赋予了其新的时代内涵，使其在当代社会产生新的价值和意义。

（4）优秀传统文化是国际交流的桥梁。在文化交流日益频繁的今天，优秀传统文化作为一个国家和民族的文化名片，通过国际交流，增进了世界对该民族和国家的了解和认识，促进了不同文化之间的相互学习和借鉴，有助于构建人类命运共同体。

2. 中华优秀传统文化为文化自信奠定理论基础

文化自信的核心依据来源于有着几千年文化积淀的中华优秀传统文化，这样的文化积累是延绵数千年的文明精华。这段悠久时期的文化成就构成了文化自信的坚实历史根基。中华优秀传统文化之所以能够历经岁月洗礼而不被摒弃，恰恰说明了这种文化的强大生命力和其独特的文化价值。在广度方面，中华优秀传统文化涵盖了极为广泛的领域，包括但不限于天文学、地理学、文学创作、历史记载、哲学思考及艺术表达等多个方面，这种宽广而深邃的文化内涵为新时代文化自信的建立提供了丰富的文化资源和坚实的理论支持。

（1）中华优秀传统文化的本质。中华民族之所以能够跨越千年的时光，依旧保持其独特的文化魅力和生命活力，根源在于中国独特的"和"文化传统。这种"和"的理念不仅仅是一个美好的愿望或者虚无缥缈的理念，它已经成为中华文化中最为核心和根本的元素。"和"文化并不是一成不变的，它随着时间的推移不断地丰富和发展，成为中华优秀传统文化中最具韧性和生命力的部分。

中华优秀传统文化的传承和发展，得益于其独特的包容性和多元性。这种文化不拒外来之物，能在多元文化的交流与碰撞中，辨识并吸收有益的元素，从而实现自身的更新和升华。在这个过程中，"和"文化发挥了关键性的作用，它使中华文化能够在变革中保持稳定，在创新中坚守本质。在多元民族文化的发展历程中，中华民族形成了一套独特的文化体系和价值观念。无论是儒家思想中的"和为贵"，还是道家哲学中的"道法自然"，抑或是佛家文化中的"慈悲为怀"，"和"文化都被赋予了丰富的内涵和深刻的哲学意义。这种文化传统强调天人合一，注重社会和谐，倡导人际的平等与尊重，形成了一种独特的社会发展模式和人生观念。

"和"文化不仅仅是历史的产物，它在当代中国的社会发展中依然发挥着重要作用。在社会主义建设的新时代背景下，"和"文化是中国人民坚定文化自信的重要源泉，是推动社会发展，实现中华民族伟大复兴的强大动力。这种文化传统倡导社会和谐，强调个体与集体的统一，为构建社会主义核心价值体系提供了坚实的文化基础，成为国家软实力的重要组成部分。正是依靠这种博大精深的"和"文化，中华民族在长期的历史发展中，形成了独特的民族性格和文化身份。这种文化传统为中华民族提供了强大的精神支撑，使其能够在面临困境和挑战时，展现出非凡的韧性和创造力，不断推动社会向前发展，走向繁荣富强。

（2）中华优秀传统文化的价值。中华优秀传统文化作为中华民族数千年文明积淀的结晶，承载着丰富的历史信息和深刻的文化内涵，是中华文明之根、国家之魂、民族之魂。它留下的不仅仅是历史的痕迹，更是现代社会发展的不竭动力和精神支柱。中华优秀传统文化的价值，体现在其对社会的凝聚力、对个体的引导力以及对国家的支撑力上。

第一，中华优秀传统文化具有强大的社会凝聚力。在漫长的历史长河中，它像一条无形的纽带，把不同地域、不同民族的人们紧紧连在一起，使人们形成了独特的国家认同和文化认同。这种认同感让每一个中国人都能够在其中找到归属感和自豪感，使得中华民族在面对内外困境时，能够紧密团结、共克时艰。

第二，中华优秀传统文化对个体具有积极的引导作用。它蕴含着深厚的道德价值和人生哲学，引导人们追求真善美、崇尚仁爱和谐，培养了中国人特有的家国情怀和责任意识。在当前社会转型期，人们面临着多元价值观的冲击，中华优秀传统文化则成为稳定人们精神世界、引导社会风气的重要力量。

第三，中华优秀传统文化是国家软实力的重要组成部分，对国家的支撑作用不可忽视。在经济全球化的今天，文化已经成为国与国竞争的重要领域，拥有独特而又丰富的文化资源的中国，通过弘扬和传播优秀传统文化，不仅能够提升国家的文化软实力，更能在国际交流中展现出独特的国家魅力，增强国家的国际影响力。

（二）社会主义先进文化

1.社会主义先进文化的内涵

社会主义先进文化，作为一种在中国特色社会主义制度土壤中成长起来的文化形式，不仅反映了中华民族的历史传统和文化积淀，而且也深刻体现了马克思主义的指导思想和社会主义的基本原则。其根本宗旨在于培养具有理想、道德、文化和纪律的社会主义公民，推动社会持续进步，实现国家的现代化建设。社会主义先进文化的内涵极为丰富，既包括对中华优秀传统文化的继承和发扬，又包括对现代科学文化的借鉴和吸收，更体现了对人类社会发展规律的深刻把握和对未来社会方向的正确指引。

社会主义先进文化的产生和发展，离不开中国共产党在长期的社会实践中对文化发展规律的认识和把握。其集中体现了党的集体智慧和对历史发展大势的准确判断。它在深化对社会主义事业总体布局的认识中，不断丰富和发展自身的理论内涵，使其更好地适应新时代中国社会发展的需要。社会主义先进文化注重弘扬科学、民主、法治和人文精神，倡导社会公平正义，反对一切形式的封建迷信和愚昧无知，展现了其强烈的批判精神和时代性。

作为一种具有鲜明时代特征和民族特色的文化形式，社会主义先进文化始终坚持以人民为中心，密切关注人民群众的切实利益和真实需求，致力服务人民、造福人民。它通过引导社会公众形成正确的价值观念，培养积极向上的精神风貌，促进社会和谐稳定，为中华民族伟大复兴提供强大的文化支撑和精神动力。社会主义先进文化强调文化的统摄性和引领作用，努力实现文化发展的世界性和民族性、科学性和主体性、先进性和广泛性、实践性和理论性、继承性和创新性、一元性和多样性的有机统一，推动社会主义文化大发展大繁荣，为实现中华民族伟大复兴的中国梦提供强大的文化支撑。

社会主义先进文化在推动我国文化发展方面发挥着无可替代的作用。它不仅能够有效解决社会实际问题，满足人民群众的精神文化需求，还能够整合各地区、各民族、各社会阶层的文化资源，形成强大的文化凝聚力和向心力，促进社会和谐稳定。社会主义先进文化坚持开放的态度，批判性地吸收和利用外来文化，不断进行自我革新和发展，展现了其旺盛的生命力和广阔的发展前景。这种文化通过其先进性和引导性，确保了我国文化建设的正确方向和高质量发展，彰显了我国文化制度的独特优势和先进性。

2.社会主义先进文化引领文化自信的发展方向

社会主义先进文化在引领文化自信的发展方向上发挥了举足轻重的作用。它是在中国共产党的引导下，通过将马克思主义文化和中华优秀传统文化的有机融合，结合现代社会的发展需求，逐渐形成和完善的。这种文化不仅保留了中华民族丰富的文化遗产，还积极吸收世界文明的优秀成果，形成了具有鲜明民族特色、开放包容、科学先进和大众化的特点。

社会主义先进文化通过自身的发展和完善，为提升中国人民的文化自信提供了坚实的基础。它强调对优秀传统文化的传承与创新，鼓励人们在保护和弘扬民族文化的基础上，不断进行文化创新，满足人民群众对美好生活的精神文化需求。这种文化的发展方向明确指向了加强文化自信的必要性，使人们认识到，只有坚定文化自信，才能更好地发展自身文化，推动社会进步。

在经济全球化的背景下，社会主义先进文化的发展也体现了中国对世界文化的贡献。它倡导在保持自身文化特色的同时，开放包容地吸收外来文化，形成一种和而不同的文化发展道路。这不仅增强了中华民族的文化软实力，也为世界文化的多样性发展做出了积极贡献。社会主义先进文化融合了优秀传统文化和现代文化，支撑着中华民族不断探索。在社会主义先进文化的指引下，中国人民有足够的力量建立和加强文化自信，为民族复兴注入思想和精神动力，从而创造更加美好的生活。中国共产党始终坚持代表先进文化的前进方向，始终同人民群众在一起，坚定马克思主义信念，以科学理论和方法为指导，不断开拓创新社会主义先进文化，同世界人民共享文化发展成果，为文化发展开辟了一条和而不同的道路。

二、文化自信的生成机制

文化自信体现为一种文化能力，而文化能力是一种文化所具备的生产力、凝聚力、包容力、防御力、影响力等的总称。接下来，本书将围绕上述几个方面阐述文化自信的生成机制。

（一）文化生产力

文化生产力是衡量一个社会在文化领域创造和提供服务能力的重要指标，深刻体现了文化活动在物质与精神层面的综合产出。在这一概念中，文化成为最核心的元素，其不仅提供了文化生产力发展的基础资源，还决定着文化生产力的发展方向和质量。文化生产力的主导地位表现在其对文化产品和服务创造过程的全面影响，包括对人才培养、资源配置和创新机制的塑造。

文化生产主体是文化生产力结构中不可或缺的部分，他们是直接参与文化创造和服务提供的个体或团体。这些主体通常具备丰富的文化知识、熟悉相关的文化政策，并掌握必要的文化技能。他们在文化生产过程中发挥着决定性作用，是推动文化创新和服务提升的核心力量。

文化生产客体包括自然资源和社会资源两大类，它们为文化生产提供了必要的物质和条件。自然资源如绘画颜料和自然景观，提供了文化产品制作的原材料；而科学知识、文化作品等社会资源，则为文化生产提供了丰富的内容和灵感源泉。文化生产力的提升离不开对这些资源的合理利用和创新。

文化生产中介作为文化生产力的另一个重要组成部分，包括了思想手段和物质条件。思想手段如文化精神、思维方式和工艺美术，为文化生产提供了理念和方法的支持；物质条件如资金技术、演出设备和信息网络，则为文化生产提供了必要的物质和技术保障。这些中介要素在文化生产力的形成和发展中起到了桥梁和纽带的作用，确保了文化生产活动的顺利进行。

（二）文化凝聚力

文化凝聚力是一种独特的精神力量，它源自特定文化内部的共同理想信念、价值观念和思想观念。这种力量能够深刻地影响一个国家、一个民族，甚至是每一个公民的精神世界，形成强大的吸引力和感召力，引导人们朝着共同的目标努力，增强集体的凝聚力和向心力。

文化凝聚力的发挥主要体现在两个方面。一方面，它通过一系列文化特质，如共同的理想信念和价值观念，团结和感召社会成员，推动他们为实现共同目标而努力奋斗。这些文化特质往往经过长时间的发展和沉淀，形成了深刻的文化底蕴，对每个社会成员都有着不可忽视的影响力。其次，文化凝聚力还通过道德的力量对人们的言行进行评价和引导，从而增强民族的认同感和凝聚力。道德作为一种行为规范，虽然是无形的，但它对于规范人们的行为、塑造健康的社会风气具有重要作用。

一种文化是否具有强大的凝聚力，取决于它是否具备科学性、先进性、人民性和时代性等特点。只有当一种文化能够符合时代发展的要求，紧密联系人民群众的实际需求，不断进行创新和发展，才能够形成强大的文化凝聚力，引导社会向着更加积极健康的方向发展。

（三）文化包容力

文化包容力体现了一种文化在面对异质文化时所表现出的开放性和接纳度，这种能力能够推动不同文化间的交流合作，促进文化多样性的发展。在经济全球化的大背景下，各种文化交流日益频繁，如何处理好文化差异，如何在不同文化间建立起相互尊重和学习的关系，这就需要一种宽广的文化视野和强大的文化包容力。

文化包容力并不是一种消极、被动地接受，而是一种积极、主动地学习和吸纳。它要求人们在尊重己方文化的基础上，能够对不同文化持开放态度，愿意从其他文化中吸取有益的元素，以丰富和完善自身。这种文化的交流和融合，有助于推动人类文明的进步和发展。中国古代的诗歌和经典之中，就有许多包容性的文化理念。如鲁迅的《题三义塔》中的"度尽劫波兄弟在，相逢一笑泯恩仇"体现了中华文化中重视亲情、宽恕仇恨的包容精神；《论语》中提倡的"仁"和"爱人"则体现了一种对人性的肯定和对社会关系的关爱。这些都是中华文化包容性的体现。

文化包容力也是一种文化自信的表现。只有对自己的文化有着充分的了解和自信，才能在面对异质文化时保持开放和包容的态度，不会盲目排斥，也不会轻易失去自我。文化包容力的增强，有助于形成一个多元共存、互相尊重的国际文化环境，推动世界文化的共同繁荣。

（四）文化防御力

1.文化防御力的基本内涵

文化防御力是一种文化维护自身独立性和纯洁性，对抗外来文化进攻和影响的能力。这种能力在经济全球化的时代尤为重要，因为文化交流变得频繁，不同文化的碰撞和融合无处不在。一方面，文化交流可以促进文化的发展和进步；另一方面，如果一种文化没有足够的防御力，就可能被外来文化所侵蚀，甚至失去自身的特色和活力。因此，培养和增强文化防御力是维护文化多样性和推动文化发展的关键。文化防御力的内涵不仅仅是对抗和排斥外来文化，更重要的是要有筛选和吸收的能力。这就要求一种文化要有强烈的自我认同感和自信心，能够在外来文化的冲击下坚持自身的价值观和生活方式，同时能够从其他文化中吸取有益的元素，以丰富和发展自身。文化防御力体现了一种文化的生命力和创新力，是文化持续发展的重要保障。

2.文化防御力的重要意义

文化防御力在全球化浪潮下显得尤为重要，它不仅仅是对外来负面文化影响的一种防护，更是文化自主发展和创新的保障。当一种文化具备了足够的防御力，它就能够在外来文化冲击下保持自身的稳定和连续性，防止被不良文化所侵蚀。这种防御力不是一种封闭和排斥的态度，而是一种有选择性地接纳和吸收，能够对不同文化进行辨别和筛选，取其精华，去其糟粕。

在当前文化多元交融的背景下，一些西方国家的负面文化现象有可能对其他国家造成影响。这些负面影响可能表现为价值观的扭曲、道德观念的沦丧以及人际关系的淡漠等，对社会的稳定和人们的心理健康造成威胁。因此，具备和加强文化防御力，对于抵抗这些负面影响，维护社会的和谐稳定具有重要的意义。

文化防御力的建立需要在认清自身文化特点和价值的基础上，增强文化自信。通过弘扬本国优秀文化，培养民众的文化认同感和自豪感，增强民众对自身文化的信仰和对外来不良文化的免疫力。同时，文化防御力的建立还需要建立完善的文化传播体系，通过各种渠道和方式，将正面的、有益的文化内容传播给社会大众，营造积极健康的文化环境。

（五）文化影响力

文化影响力涵盖了一种文化对其他文化产生深远影响的能力，这种能力不仅仅体现在文化输出的数量上，更体现在文化内涵的深度、广度和吸引力上。这种影响力可以通过各种文化元素的传播来实现，包括语言、艺术、信仰、价值观等。一个国家或地区的文化影响力强，意味着其文化具有较强的国际竞争力和吸引力，能够在全球文化交流中发挥更为重要的作用，对其他文化产生积极的引导和塑造作用。

文化影响力的构建需要深厚的文化底蕴和广泛的国际交流。一方面，一个国家或地区需要有丰富多样、独具特色的文化资源，这些文化资源在历史的长河中形成，在实践中不断丰富和发展，形成独特的文化魅力和价值。另一方面，通过有效的文化交流和传播，将本土文化推向世界，让世界了解和认识中国，从而增强其在国际上的影响力。文化影响力的提升还需要人们对国际文化潮流有着敏锐的触觉和深刻的理解。在经济全球化的今天，文化的交流和融合日益加深，各种文化潮流层出不穷。一个国家或地区只有紧跟国际文化潮流，不断调整和优化自身的文化传播策略，才能保持文化影响力的持续增长。

第五节　文化自信的现实意义

一、有利于实现中华民族伟大复兴

（一）提供精神动力

文化自信在推动中华民族伟大复兴的过程中发挥着不可替代的作用。文化自信，即对本国文化的充分认同和自信，其能够形成强大的精神动力，为民族复兴提供不竭的内生动力。在中华人民共和国成立一百年之际，面对复杂多变的国际国内环境，人们需要有坚定的文化自信，以坚守文化根脉，发挥文化的引领作用，引导全社会形成共同的价值追求。

文化自信是精神动力的源泉。中华文化博大精深，历经五千多年的沉淀，形成了独特的文化魅力和深刻的文化内涵。对自身文化的自信，能够激发人民的创造力和凝聚力，形成攻坚克难、勇往直前的强大精神支撑。文化自信能够帮助人们在面对困境和挑战时，保持积极向上的心态，坚定信念，从文化的底蕴中汲取力量，为实现民族复兴的目标而不懈奋斗。

（二）凝聚民族力量

文化自信在凝聚民族力量，特别是在团结社会各阶层方面发挥着至关重要的作用。中华民族伟大复兴，是一项宏伟的历史任务，它不仅需要时间的积淀，还需要全体人民的共同努力。社会各阶层，作为社会结构的重要组成部分，他们的利益诉求多样，但又存在着共同的目标和追求。文化自信就像一座桥梁，将这些看似分散的力量凝聚到一起，形成推动民族复兴的巨大动力。

文化自信的核心是对本民族文化的深刻认识和坚定信仰。中国特色社会主义文化，深深植根于中华优秀传统文化的沃土之中，又深刻反映了中国特色社会主义的时代特征，具有鲜明的时代性、科学性和人民性。坚持中国特色社会主义文化自信，就是要坚守中华文化的根本，不断提高文化软实力，增强全民族的文化自觉和自信心。

文化自信还体现在其凝聚社会力量的巨大能力上。在当前中国社会经济快速发展、社会结构不断优化的背景下，社会各阶层的利益诉求更加多元化。如何在保证社会公平正义的前提下，妥善处理不同阶层间的利益关系，是一个复杂而又艰巨的任务。文化自信能够为解决这一问题提供精神指引和价值引领，通过强化文化认同，增强社会凝聚力，使社会各阶层的力量得以聚合，形成推动中华民族伟大复兴的强大合力。

（三）增强文化实力

1. 增强文化生产力

文化自信在推动中华民族伟大复兴的历史进程中，发挥着不可或缺的作用。增强文化自信，有利于提升文化生产力，进一步满足人民群众对于精神文化生活的需求，推动国民文化素质的提升，促进社会文明的进步。

（1）文化自信为文化创新提供了源源不断的动力。一个自信的民族，敢于对自身文化进行创造性转化和创新性发展，使得文化生产力得以不断提升。在文化自信的引导下，人们更加主动地探索和借鉴世界文化的优秀成果，将其与本土文化相结合，形成独具特色的文化产品和服务，满足人民群众日益增长的文化需求。

（2）文化自信与文化生产力的提升相辅相成，共同推动社会的全面发展。文化自信激发人民群众的创造潜力，文化生产力的提升促进经济发展和社会进步，两者相互作用，形成良性循环。这种文化的繁荣和发展，为实现中华民族伟大复兴提供了强大的精神动力和文化支撑。

因此，增强文化自信，提升文化生产力，不仅是文化发展的内在要求，也是实现中华民族伟大复兴的重要保障。不断提升文化自信和文化生产力，可以更好地满足人民群众对美好生活的向往，推动人的全面发展和社会文明的全面进步，最终实现中华民族伟大复兴。

2. 提高文化影响力

文化影响力是衡量一个国家软实力的重要指标，其深刻地体现了一个国家的文化底蕴、价值观念和创新能力。文化自信有利于提升文化影响力，文化影响力的提升对于增强国家实力、提升国家的国际地位具有深远的影响。

（1）文化自信视域下文化影响力的提升有利于深化改革开放。在文化全球化的今天，文化影响力成为国家软实力的重要组成部分。强大的文化影响力能够吸引国际社会的关注和尊重，促使国际社会对我国的改革开放政策产生积极的反响，为我国深化改革、扩大开放创造良好的国际环境。此外，具有影响力的文化能够激发民众的自信心和创造力，形成推动改革开放的强大内生动力。

（2）文化自信视域下文化影响力的提升有利于促进文化"走出去"，增强中华文化的国际竞争力。在文化全球化的今天，文化"走出去"已经成为提升国家软实力、展示国家形象的重要途径。具备较强国际影响力的文化，更容易被世界接受和欢迎，从而在国际文化市场上占据有利位置，推动中华文化的国际传播，实现中华民族伟大复兴。

（3）文化自信视域下文化影响力的提升对提高我国的国际地位有着重要作用。国际地位的提升不仅取决于国家的经济和军事实力，还取决于文化影响力的强弱。一个国家的文化影响力越强，其在国际舞台上的话语权和影响力也就越大，能够更好地维护国家利益，推动国际关系的发展，提高国际地位。

二、有利于促进社会主义事业的发展

当前，全党和全国人民的共同任务，就是在中国共产党领导下，全面推进中国特色社会主义事业的进步与发展，争取在中国特色社会主义的基础上实现中华民族伟大复兴。目前，中国特色社会主义建设已形成了经济建设、政治建设、文化建设、社会建设、生态文明建设"五位一体"的总体布局，坚持中国特色社会主义文化自信，繁荣和发展中国特色社会主义政治、文化和经济，可以起到促进中国特色社会主义事业进步与发展的作用，具体论述如下。

（一）有利于建设社会主义民主政治

文化自信在推进社会主义民主政治建设方面发挥着极为重要的作用，这种影响深刻地体现在如何更好地实现人民群众的民主权利和提升社会治理效能上。对本国文化的充分自信使得社会在发展过程中能够更好地坚持以人民为中心的发展思想，确保民主政治建设更加契合国情，真正发挥其应有的作用。

（1）文化自信有助于提升民主政治的内生动力和效能。一个对自身文化充满自信的国家，能够在民主政治建设中坚持独立自主，找到最符合自己国情的发展道路。这种文化自信能够增强人民群众参与政治生活的热情和信心，确保民主建设真正源于人民、依靠人民。文化自信还能够促使社会在民主政治建设中不断创新，不断提高民主制度的科学性和适应性，更好地满足人民群众日益增长的美好生活需要。

（2）文化自信对提升人民群众的文化素质，形成积极参与社会主义民主政治建设的良好环境具有不可替代的作用。文化自信能够激发人民群众的文化创造力，提升其分辨是非、参与社会治理的能力。这不仅对于推动民主政治建设具有积极意义，也对于形成全体人民共建共享的社会主义社会具有重要的推动作用。

（3）文化自信是推进社会主义民主政治建设，实现国家长治久安的重要保障。坚定的文化自信能够确保国家在民主政治建设中不走形式主义的老路，真正实现人民群众的广泛参与和管理国家事务的能力提升。这种由内而外的民主建设和文化自信的相互促进，是推进中国特色社会主义事业进步与发展的内在要求，对于实现中华民族伟大复兴具有深远的影响。

（二）有利于建设社会主义文化

文化自信作为国家软实力的重要组成部分，在社会主义文化建设中占据着举足轻重的地位。随着中国特色社会主义进入新时代，文化自信的培养和提升变得尤为重要。培养和提升人们的文化自信，不仅需要与新时代的发展制度、创新理论和发展道路紧密结合，更要求全社会形成对中国特色社会主义文化的坚定信仰和支持。

文化自信在推动社会主义文化繁荣发展方面发挥着不可替代的作用。它不仅有助于建设高质量的社会主义文化，更能引导社会主义文化沿着正确的方向健康发展。文化自信的培养和提升，需要人们在实践中不断探索和积累经验，将马克思主义与中国实际相结合，发展出既有中国特色、又面向现代化、世界和未来的社会主义文化。这种文化既保持了民族的特色，又具有科学性和广泛的群众基础，能够满足人民日益增长的美好生活需要，推动社会主义文化大发展大繁荣。

（三）有利于发展社会主义经济

坚持中国特色社会主义文化自信可以促进经济的发展，从而起到促进中国特色社会主义事业进步与发展的作用。中国特色社会主义事业的进步与发展离不开经济的发展，没有经济发展所创造的丰富的物质财富作为基础，中国特色社会主义事业的进步与发展就会成为一句空话。在当代社会中，文化建设和经济建设已经紧紧地联系在一起，成为推动经济建设的重要力量。例如，文化建设所形成的文化产业，已经成为我国经济的重要产业部门，在经济建设中发挥着越来越重要的作用。另外，在现代经济发展过程中，不同的产业之间融合在一起，形成了融合发展的趋势。文化产业和旅游产业的融合发展，促进了旅游新业态的出现，对推动旅游产业的创新与发展起了重要的作用。此外，文化产业和体育产业、文化产业和制造业也出现了融合发展的趋势，对推动体育产业和制造业的创新与发展起了积极的作用。坚持中国特色社会主义文化自信，发展文化产业，成为推动经济建设，促进中国特色社会主义事业进步与发展的重要途径。

三、有利于提升个人的素质和能力

（一）有利于提升个人的文化素质

文化素质是指人们在文化方面所具有的较为稳定的、内在的基本品质，表明人们在这些知识及与之相适应的能力行为、情感等综合发展的质量、水平和个性特点。文化素质既是人的综合素质的文化基础，也是人的全面发展的文化基础。文化素质作为个体综合素质的重要组成部分，关系到个人的全面发展和社会的整体进步。文化自信的强化，意味着对本土文化的认同，这有助于个体更好地吸收和利用本土文化资源，提升其文化素质。中国特色社会主义文化的繁荣发展，为个人提供了丰富的知识体系和多元的文化环境，促使个体在思维方式、价值观念、行为习惯等方面得到积极的塑造。这不仅有利于个人的自我完善，也为社会的文明进步打下了坚实的基础。

（二）有利于提升个人的思想道德素质

思想道德素质是指人在一定的社会环境和教育的影响下，通过个体自身的认识和社会实践，在政治倾向、理想信念、思想观念、道德情操方面养成的较为稳定的品质。思想道德素质在人的全面发展中发挥着重要的作用，是人的全面发展的思想道德基础。文化自信在提升个人思想道德素质方面同样发挥着重要作用。在文化自信观念的引导下，个体能够树立正确的政治倾向、理想信念和道德情操，形成积极向上、健康向善的人生态度。这种强大的思想道德力量，不仅有助于个体抵御不良文化的侵蚀，更能引导其在社会实践中发挥积极作用，为社会的和谐稳定和可持续发展贡献力量。

（三）有利于提升个人的职业素质

职业素质作为评价一个劳动者在职业活动中综合能力的重要标准，涵盖了职业兴趣、职业能力、职业个性及职业情绪等多个方面。它不仅体现了个人对其所从事职业的认知和热爱程度，也反映了个体在专业技能和职业道德等方面的综合水平。在现代社会中，随着经济的不断发展和职业结构的日益复杂，高水平的职业素质已经成为劳动者实现职业发展和个人全面发展的关键。

文化自信在提升个体职业素质方面发挥着举足轻重的作用。坚持中国特色社会主义文化自信，意味着对本土文化的深刻认识和自信表达，这不仅有助于个体在文化层面上的自我完善，也为其职业发展提供了坚实的文化支撑。中国特色社会主义文化的繁荣发展，为劳动者提供了丰富的知识资源，促使他们在职业兴趣的培养、职业能力的提升、职业个性的塑造等方面都得到了全面提高。

同时，文化自信促进了个体在职业情绪管理和职业道德建设方面的进步。在强烈的文化自信引导下，个体能够更加积极地面对职业挑战，形成健康向上的职业心态。此外，文化自信还强调对传统美德的传承和创新，助力个体在职业道德建设方面达到新的高度，为社会的和谐发展做出贡献。

（四）有利于提高个人的跨文化交际能力

跨文化交际能力是指个体在与不同文化背景的人进行沟通交流时，能够有效理解、适应和应对文化差异，顺利传递信息并达成共识的能力。这种能力涉及多个方面，包括语言技能、非语言交际技能、文化意识、开放性和灵活性等。其中，语言技能不仅仅是指掌握一门或多门外语的能力，更重要的是人们能够准确理解和使用语言中蕴含的文化信息。非语言交际技能则包括肢体语言、面部表情、声音的音调和节奏等，这些非语言元素在跨文化交际中起着举足轻重的作用。文化意识是指对不同文化特点和文化差异的认识和理解，它要求个体能够从宏观和微观两个层面对文化进行深入分析。开放性和灵活性则体现了个体在面对文化差异时的态度和应变能力，这对于跨文化交际的成功至关重要。

文化自信在提高个人跨文化交际能力方面起到了积极的推动作用。文化自信体现为对本土文化的深刻理解和自信表达，这种自信不是一种盲目的优越感，而是建立在对本土文化深刻认识的基础上的一种积极的文化评价。当个体具有文化自信时，他们在与不同文化背景的人交流时更能够从容不迫，保持自我，不会轻易丧失文化身份和自我价值感。同时，文化自信能够增强个体的文化敏感性和文化适应能力，使其在跨文化交流中能够更加敏锐地察觉文化差异，更加灵活地调整自己的交际策略，以达到更好的交流效果。

第二章 大学英语教学概述

第一节 大学英语教学的理论依据

一、语言本质理论

（一）转换生成语法

在 20 世纪 50 年代的美国语言学界，乔姆斯基（Chomsky）提出了转换生成语法理论，这一理论的出现标志着一场空前的语言学革命的开始，深刻地影响了当时的学术格局，并对后续的多个学科产生了深远的影响。转换生成语法理论首次在其 1957 年出版的《句法结构》一书中被系统地阐述，其核心观点在于，通过一套规则系统来生成并解释语言结构，从而揭示人类语言内在的普遍规律。这一理论突破了当时占据主导地位的结构主义语言学的范畴，为语言学的研究打开了新的视角。

乔姆斯基的转换生成语法理论提出了一种全新的语言分析方法，强调通过内在的生成机制来解释语言现象，而非仅仅对语言现象进行描述。这种方法认为，语言不仅仅是一套外在的符号系统，更是一种内在的认知能力，是人类大脑中固有的一种机制。①这种观点极大地推动了语言学

---

① 乔姆斯基. 乔姆斯基语言哲学文选 [M]. 徐烈炯，等译. 北京：商务印书馆，1992：1-13.

研究方法的革新，并对认知心理学、二语习得理论、计算机科学等学科产生了广泛而深远的影响。

随着时间的推移，乔姆斯基不断地修正和完善自己的转换生成语法理论，使其更加成熟，更具有解释力。他提出的这一理论不仅仅是对语言现象的描述，更是对人类语言能力的深入探究，对于理解人类如何习得和使用语言，如何通过语言进行思考和认知，都具有重要的指导意义。乔姆斯基的转换生成语法理论因此成为 20 世纪最具影响力的语言学理论之一，其影响力远远超越了语言学本身，成为多学科交叉研究的重要基石。

在乔姆斯基的理论框架下，语法研究成为语言学的核心内容，研究者的目标是构建一种具有生成能力的语法体系，能够捕捉到母语者内在的语言直觉和知识。这不仅关系到人们如何理解语言的结构和功能，还涉及语言习得和语言的普遍性问题，尝试探索人类语言的共性和规律。乔姆斯基自己在构建理论和做语言分析时，大量依赖于直觉判断，他认为这种直觉反映了母语者对语言的内在知识。[①] 尽管他和他的追随者对揭示这种内在知识极感兴趣，但他们较少使用实际语料来验证自己的理论，而是更多地依赖于直觉。

此外，乔姆斯基的理论采用了假设——演绎的方法，通过构建普遍语法理论，并用个别语言的语法来验证这个理论。每一种个别语言的语法同时是对普遍语法理论的一个假设验证。他强调语言不仅仅是一种表达工具，更是一种行为，并且和其他行为一样，受到一定规则的约束。通过这些规则，语言能够被顺利地表达和理解，人们能够利用基本的语言结构创造出更多复杂的句子，体现了语言的创造性。这种创造性的基础就是对语言规则的理解和运用，展现了语言的丰富性和多样性。[②]

（二）语言功能理论

英国的语言学家韩礼德（Halliday）认为语言的本质与人们对语言

---

① 乔姆斯基.乔姆斯基语言哲学文选 [M]. 徐烈炯，等译.北京：商务印书馆，1992：1-13.

② 乔姆斯基.乔姆斯基语言哲学文选 [M]. 徐烈炯，等译.北京：商务印书馆，1992：1-13.

的要求以及语言本身反映完成的功能相关，据此提出了语言的功能理论。他提出，语言具有社会功能，语言的社会功能在一定程度上影响了语言本身的变化和发展。只有研究语言如何使用，才能发现语言的全部功能及其构成意义的全部成分。[①]韩礼德对语言功能的分类如下所示。

1.微观功能

在微观功能层面，韩礼德强调这是儿童在学习使用母语过程中显现出来的语言功能，体现了语言在个体发展初期的作用。[②]具体而言，他将微观功能细分为个人功能、规章功能、想象功能、启发功能、工具功能、相互关系功能和信息功能七个方面，这些功能共同构成了儿童在语言学习初期的使用语言的多种方式。

2.宏观功能

在宏观功能层面，韩礼德描绘了一个更为复杂和抽象的语言功能图景。这些宏观功能主要在儿童的语言从儿童语言逐渐过渡到成人语言的过程中形成。他将宏观功能分为实用功能和理性功能两大类。实用功能侧重描述儿童如何将语言作为一种工具和手段来使用，它是由工具功能、相互关系功能和控制功能共同延伸而来的。而理性功能则体现了儿童如何利用语言作为一种获取知识和观察世界的方式，它源自个人功能和启发功能的演变。[③]

3.纯理功能

韩礼德还提出了语言的纯理功能，[④]这一理论对语言学派的发展产生了深刻的影响。纯理功能主要包括以下三个方面的内容。

---

① 麦蒂森，韩礼德.系统功能语法：理论之初探[M].北京：高等教育出版社，2009：39—41.

② 麦蒂森，韩礼德.系统功能语法：理论之初探[M].北京：高等教育出版社，2009：39—41.

③ 麦蒂森，韩礼德.系统功能语法：理论之初探[M].北京：高等教育出版社，2009：52—68.

④ 麦蒂森，韩礼德.系统功能语法：理论之初探[M].北京：高等教育出版社，2009：52—68.

（1）人际功能。语言的人际功能体现在语言作为一种社会工具，能使人们通过语言交流来表达情感、观点和态度，同时能影响和塑造社会关系。这一功能的存在，让语言成为建立和维护人际关系的重要手段。人们在不同的社会环境和特定场合中运用语言，展示了自己的社会地位、角色和情感状态，进而影响到他人对语言的认知和反应。通过语言的人际功能，个体能够更好地融入社会，与他人建立积极的交流和互动，形成稳定而和谐的社会网络。这种功能不仅仅体现在日常的沟通交流中，也表现在更为正式的社会场合，如工作、教育等环境中，展现了语言在社会生活中的深刻影响和重要作用。

（2）篇章功能。语言的篇章功能强调了语言在构建通顺、连贯的语句表达中的作用，体现了语言在组织和表达思想时的内在逻辑和结构性。通过篇章功能，语言能够在保持主题一致性的基础上，形成富有逻辑性和连贯性的语句和文段，使得信息传达更加准确和高效。这一功能的存在，不仅使得个体能够更好地组织和表达自己的思想，也为听者或读者提供了更易于理解的语言环境。正如韩礼德所强调的，语篇作为一种具有特定功能的语言表现形式，展现了语言在构建和传递复杂信息时的强大能力，是语言表达能力的重要体现。[①]

（3）概念功能。语言的概念功能侧重描述人们如何运用语言对自己的经历和感受进行总结和表达。这一功能突显了语言在帮助个体理解和解释自身经验方面的重要作用。通过概念功能，人们能够将抽象的思维和感觉转化为具体而清晰的语言表达，实现对过去经验的再认识和总结。这不仅有助于个体对自身经历的理解和吸收，也为他人提供了了解个体内心世界的窗口。这种功能的发挥，让语言成为连接个体内外世界的桥梁，是人们进行自我表达和社会交流的重要手段。

韩礼德还提出，基本上所有的句子都在不同程度上体现出以上三种

---

① 麦蒂森，韩礼德. 系统功能语法：理论之初探[M]. 北京：高等教育出版社，2009：52-68.

功能，且通常以并存的形式存在。①韩礼德对于语言本质的论述为人们研究语言提供了新的思路，有助于人们开展对语言的深入研究，也为后来交际法教学流派的创立奠定了一定的理论基础。

（三）交际能力理论

乔姆斯基在《句法理论面面观》中提出的"语言能力"与"语言运用"的概念，为语言学研究提供了新的视角。他所强调的语言能力，主要关注说话人和听话人内在的语言知识，即他们对语言结构和规则的把握。这种能力是先天的，是人类特有的一种能力，与实际语言使用情境无关。而语言运用则侧重语言在实际交流中的应用，包括如何根据具体情境选择恰当的语言表达方式。乔姆斯基的这一理论框架，虽然为语言学的发展做出了重要贡献，但也受到了来自不同领域学者的挑战和质疑。

美国社会语言学家海姆斯（Hymes）对乔姆斯基的语言能力观点提出了质疑。他认为乔姆斯基的理论过分强调了语言知识的内在性和先天性，而忽视了语言作为社会交际工具的本质。②在海姆斯看来，语言能力不仅仅体现在人们对语法结构的把握上，更重要的是体现在人们如何在社交情境中恰当运用语言的能力上，这就是交际能力。③交际能力不仅包括语言知识，还包括对社会规范的理解和运用的能力，是一种综合性的能力。

海姆斯的交际能力理论，将语言能力的内涵进行了拓展，强调了语言运用在实际交际中的重要性。他认为，只有将语言知识应用到实际的社交情境中，才能体现出一个人真正的语言能力。④这要求语言学习者不

---

① 麦蒂森，韩礼德. 系统功能语法：理论之初探 [M]. 北京：高等教育出版社，2009：52-68.

② HYMES D H. On Communicative Competence[A]. //PRIDE J B, HOLMES J. Sociolinguistics: Selected Readings. Harmondsworth: Penguin, 1972: 269-293.

③ HYMES D H. On Communicative Competence[A]. //PRIDE J B, HOLMES J. Sociolinguistics: Selected Readings. Harmondsworth: Penguin, 1972: 269-293.

④ HYMES D H. On Communicative Competence[A]. //PRIDE J B, HOLMES J. Sociolinguistics: Selected Readings. Harmondsworth: Penguin, 1972: 269-293.

仅要掌握语言的结构和规则，还要学会如何根据不同的社交情境，选择恰当的语言表达方式。海姆斯的这一观点，为语言教育提供了新的方向，强调了交际教学在语言教育中的重要地位，对后来的语言教学理论和实践产生了深远的影响。

两者相比较，乔姆斯基的单一言语共同体中，理想的说话人和听话人的语言能力的主要构成元素是普遍语法和个别语法，所以他的这种"语言能力"更应被视为一种语法能力。而海姆斯的观点则是看重对语言的使用，他认为，在现实生活中，具有交际能力意味着人们不仅可以获得语言规则的知识，而且还可以获得语言在社交中使用的规则。①在海姆斯看来，一个人的交际能力不仅应包括语法知识和语言能力，而且还应包括心理（可行）、社会文化（得体）和使用概率（实际出现）等方面在内的一种判断能力。②

二、语言学习理论

（一）行为主义学习理论

行为主义学派在 20 世纪 20 年代初崭露头角，在其发展的初期，行为主义学派并未系统地运用实验方法对语言和言语行为进行研究。然而，他们提出的 S-R（刺激—反应）模型对于当时兴起的结构主义语言学产生了巨大的影响。其中，布隆菲尔德（Bloomfield）是运用这一模型进行语言研究的杰出代表。在他的代表作《语言论》中，他运用行为主义的 S-R 模型解释了言语行为，提出了一种创新的语言理解方式。

在《语言论》一书中，布隆菲尔德描述了一个名叫杰克（Jack）的人为了响应名叫吉尔（Jill）的人表达饥饿感觉的刺激，而进行摘果子的行为。在这个例子中，布隆菲尔德特别强调了将声音视为刺激的重要性，

---

① HYMES D H. On Communicative Competence[A]. //PRIDE J B, HOLMES J. Sociolinguistics: Selected Readings. Harmondsworth: Penguin, 1972: 269-293.
② HYMES D H. On Communicative Competence[A]. //PRIDE J B, HOLMES J. Sociolinguistics: Selected Readings. Harmondsworth: Penguin, 1972: 269-293.

他认为这是研究言语行为的关键。通过这种方式，他提出了一种基于行为主义理论的语言教学模型，即通过声音刺激促使学习者作出反应。其中华生（John Broadus Watson）作为最初的重要人物之一，提出了行为主义心理学的基本理论。他认为，无论是人类还是动物，都遵循一种共通的行为模式——刺激和反应。[①] 华生认为，通过分析刺激和反应之间的关系，人们就能够理解并预测行为。[②]

继华生之后，斯金纳（Burrhus Frederic Skinner）作为行为主义学派的重要继承者，对行为主义学说进行了深入的发展。他认为言语行为是一种操作行为，可以通过各种强化手段获得，这些手段包括声音、手势、表情等多种形式。[③] 他的观点强调了通过强化来学习语言和适应语言的重要性。斯金纳还指出，学习过程中反应的"重复"是不可或缺的，这种重复性是形成习惯和完成学习过程的关键。[④]

从行为主义的角度来看，无论是言语学习还是非言语学习，都需要经历一个习惯形成的过程。在这个过程中，刺激、反应、强化和重复是构成学习的基本元素，它们共同作用，推动了个体行为的形成和变化。通过这种方式，行为主义学派为人们提供了一个解释学习过程的独特视角，强调了外部环境对个体行为的影响。

行为主义学习理论具有明显的局限性，乔姆斯基在评述斯金纳的《言语行为》时指出了这一点。他批评行为主义理论倾向于将从动物行为研究中得到的结论不加区分地应用到人类行为的分析中，强调环境和外部条件在塑造人类行为中的作用，而这可能会导致对人在言语活动中所展现出的主体能动性和独立性的忽视。[⑤] 乔姆斯基认为，行为主义学派的这种研究方法并不能充分解释人类复杂语言能力的形成机制，尤其是无法说明四五

---

① 华生. 行为心理学 [M]. 北京：中国纺织出版社，2019：201-206.

② 华生. 行为心理学 [M]. 北京：中国纺织出版社，2019：201-206.

③ 斯金纳. 科学与人类行为 [M]. 谭力海，等译. 北京：华夏出版社，1989：56.

④ 斯金纳. 科学与人类行为 [M]. 谭力海，等译. 北京：华夏出版社，1989：87.

⑤ 乔姆斯基. 笛卡尔语言学：唯理主义思想史之一章 [M]. 上海：上海外语教育出版社，2012：98-107.

岁的儿童是如何能够迅速并准确地掌握其母语中极为复杂的语言结构的。[①]
他认为，人类在言语行为方面所展现出的复杂性和创造性远远超出了行为
主义学派所强调的环境刺激和反应机制所能解释的范畴。乔姆斯基的这种
观点突出了人在语言学习和使用过程中的主体地位，强调了人类内在能力
在语言发展中的作用，对行为主义学派在语言学习和言语行为分析中的不
足提出了有力批评。这种批评不仅揭示了行为主义理论的局限性，也为语
言学和心理学领域带来了新的研究视角和理论创新。

（二）认知主义学习理论

从 20 世纪初期到 20 世纪中期左右，行为主义学习理论是语言学界
地位最高的一种理论，但行为主义的学习理论有一个致命的缺陷，就是
它把所有的思维行为归纳为"刺激——反应"，没有考虑人的主观意识在
语言学习中的重要作用，所以越来越多的学者开始提出反对意见。在这
种情况下，认知主义学习理论逐渐崭露头角，并引起了学者的关注。认
知主义学习理论主要研究的内容是学习的内部条件和内部过程，它认为
学习是一种认知结构，这种认知结构的形成依靠的是学习者对情境的领
悟和认知。认知主义学习理论的代表性观点有苛勒（Wolfgang Köhler）
的顿悟说、皮亚杰（Jean Piaget）的发生认识论、布鲁纳（Bruner）的发
现学习理论等。

1.苛勒的顿悟说

苛勒是来自德国的心理学家，他主要研究的是格式塔理论。格式塔
的含义是指被分离成部分的整体或一些组织结构。格式塔理论的主要观
点是要想掌握一门语言，先要弄清楚语言情境中对话双方之间的联系，
然后才能构成完形，解决学习中遇到的困难或问题，达到最终的目的。
在提出格式塔理论不久后，苛勒又提出了顿悟说，顿悟说的核心观点主
要包括以下两个方面。

第一，学习不是外界刺激活动和学习者反应活动的简单连接，而是

---

① 乔姆斯基.笛卡尔语言学：唯理主义思想史之一章[M].上海：上海外语教育出版社，
2012：98-107.

学习者带有一定目的进行了解和顿悟之后才形成的行为。

第二，学习内容的理解和掌握不是依靠出错后的总结归纳实现的，而是通过顿悟实现的。

2.皮亚杰的发生认识论

皮亚杰是来自瑞士的心理学家，他的代表观点是发生认识论，主要研究的内容是人的认识问题，包括概念认识、语言认识、认识发展等诸多方面。具体分析，他认为每个人从童年时期甚至胚胎时期就开始了认识活动，但人出生之后认识的形成和思维的发展以及影响思维产生的因素、思维的结构等相关问题都是需要研究的，这些属于认知发展的阶段性特征和认知机制问题，也是皮亚杰研究的重点。[1]

皮亚杰通过建立可以直接观察的心理模型来探测和分析人脑活动的过程、运用相对科学和客观的方法探究人类的复杂或者高级认知活动，他的研究行为促进了人们对自身的了解和认知。

3.布鲁纳的发现学习理论

美国教育心理学家布鲁纳的发现学习理论提出了学习的本质观点。学习的本质在于主动形成的认知结构，该结构的主要作用体现在感知和概括新事物方面。认知结构的形成需要一定的经验作为基础，通过不断地变化，学习者能了解和学习新知识的内部构成。

布鲁纳还把学习的过程分成了三个阶段，即知识的获得，知识的转换和知识的评价。任何学科知识的学习和掌握都要经历这三个阶段，所以从这个意义上来讲，发现学习是最科学、有效的学习方式。要想开展发现学习活动，首先，教师要清楚学生是一切学习活动的中心。其次，教师要通过一些准备工作激发学生探索学习的动机最后，教师要通过引导学生观察、分析和归纳总结活动，使学生分析问题的能力和解决问题的能力得以提升。

---

① 皮亚杰.发生认识论 [M].范祖珠，译.北京：商务印书馆，1990：2.

三、教育学相关理论

（一）教育学

斯特恩（Stern）在其著作《语言教学的基本概念》中，系统地阐释了教育学理论在大学英语教学中的应用及其重要性。他明确指出，教育学和语言学之间存在着相互联系和互相依赖的关系。在这种关系中，教育学提供了一套完整的理论体系和方法论，指导并影响着英语教学的各个方面。

教育学的发展历史悠久，它的相关原则、原理和方法对知识的传授和研究起到了不可或缺的作用。在英语教学领域，这一学科的运用同样至关重要。教育学的理论和方法，如归纳法、演绎法、讲解、练习和复习等，都是英语教学过程中经常运用到的手段。它们有助于提高学生的学习效率，保证教师教学的有效性。同时，教育学研究了一系列教学原则，包括思想性、量力性、巩固性、自觉性和科学性等，这些原则在教学过程中发挥着指导作用。它们强调教学内容的逻辑性和系统性，要求教师根据学生的实际情况合理安排教学内容和方法，以提高教学效果。

此外，教育学理论还将教育目的、教育方针和培养目标纳入考量范围，这些因素会直接影响大学英语课程的设置、教学目标的确立和课时安排。通过对这些因素的细致考虑和科学规划，教师可以确保英语教学内容的科学性和实用性，更好地满足学生的学习需要和社会的需求。

（二）教育心理学

教育心理学作为心理学的一个分支，专注于研究学习者的心理活动、学习过程以及学习环境对教学成效的影响。它在探索学生的心理和生理特点如何与教学和学习相互作用方面，发挥着极为重要的作用。通过深入了解学生的心理状态和学习需求，教育心理学能够为优化教学方法和提高教学效果提供科学的依据。该学科涵盖了语法、外语发音、理论知识、口头和书面表达技能以及学习动机激发等多个方面，这些都是外语学习中不可忽视的重要组成部分。对这些方面的深刻理解和应用，对于提高学生的英语学习效率和效果具有决定性的作用。

在现代英语教学实践中，将教育心理学的理论和方法应用于教学过程中是提高教学质量的重要途径。教师在向学生传授知识时，需要综合考虑学生的心理特点和需求，通过调整教学方法和策略，激发学生的学习兴趣和动力，从而达到提高教学效果的目的。

（三）教育经济学

在大学英语教学领域，教育经济学主要侧重于研究哪些课程内容和教学方法能够最大限度地提高教学效益，同时确保经济资源的有效利用。从经济学的角度审视教育学科，人们可以更清晰地认识到教学资源的配置和利用对提高教学质量的重要性。教育经济学的研究不仅仅局限于成本与收益的分析，还包括了对教育投资回报率的评估，从而为教学改革和课程设置提供科学依据。

从宏观层面来看，英语课程的设立和改革显得尤为重要。在21世纪这个知识经济时代，人们对语言和信息处理能力的要求日益提高，不仅需要掌握母语，还需要具备一定的外语沟通能力和计算机操作技能。因此，英语课程的改革和发展应当紧紧围绕着人才培养的核心目标进行，以满足社会和个人发展的需求。此外，英语作为国际交流的主要语言，其在互联网应用和学术研究领域中的地位举足轻重。国际上绝大多数的学术资源和资料都是以英语呈现的，掌握英语意味着人们能够更加便捷地获取全球信息，这对于经济的发展和知识的创新具有重要意义。

开展大学英语教学不仅要考虑宏观效益，还要从微观的角度评估必要的费用和效益，具体可以从以下几个方面来考虑。

1.教学时间

教学时间的合理配置对于大学英语教学来说至关重要。根据教育经济学的理论，人们需要对教学时间进行精细的规划和分配，确保每一分钟都能够被高效利用。在这个过程中，教师需要考虑到学生的学习特点和课程的具体要求，通过科学的方法来确定每个环节所需的时间。同时，教学时间的分配要有灵活性，其要能够根据学生的学习进度和反馈进行调整，确保教学活动既有序又有成效。此外，班级的人数控制也是教学时间分配中不可忽视的一个重要方面。理想的班级人数可以使教师有更多的时间和空间来关注每一位学生的学习情况，从而提高教学质量。

2.教师培训费用

对于教师培训费用的投入，是提升教学质量的一项重要投资。优秀的教师队伍是保证教学效果的关键，因此，学校和教育部门需要对教师的专业发展给予充足的支持和投资。这不仅包括提供定期的培训和研修机会，还包括鼓励教师参与学术交流和研究活动。通过这样的投入，教师能够不断提升自己的专业水平和教学能力，更好地适应教育发展的需要。同时，合理的财务规划和预算安排是确保教师培训费用得到有效利用的关键。

3.管理人员及非专业助手的费用

管理人员和非专业助手在大学英语教学中扮演着重要的角色，他们的工作确保了教学活动的顺利进行。管理人员负责制订和执行教学计划，处理教学过程中出现的各种问题，而非专业助手如语言实验室技工等，提供了必要的技术支持。这些人员的薪酬和培训费用也需要在教育经济学的框架下进行合理规划和分配。此外，教学场地和相关设施的维护和更新同样需要资金投入，只有确保了这些基础设施的良好状态，才能为学生提供优质的学习环境，从而提升教学效果。

4.教材及其他资源费用

在大学英语教学中，选择合适的教材和资源对提升教学质量起着决定性的作用。高质量的教材可以为学生提供更丰富、更符合实际需要的学习材料，有助于提高他们的英语水平。此外，随着技术的进步，数字资源和在线学习平台也逐渐成为教学资源的重要组成部分。虽然这些资源可能需要额外的投资，但它们能够提供更灵活、更个性化的学习方式，有利于满足不同学习者的需求。因此，在分配教材和资源费用时，教育经济学强调必须权衡成本和效益，确保投入能够带来最大的教学回报。

5.教师及管理人员的薪酬

教师及管理人员的薪酬是大学英语教学经济效益分析中不可忽视的重要因素。一个具有竞争力的薪酬体系能够吸引优秀的教师和管理人员，为学生提供高质量的教育服务。教师是教学活动中最核心的资源，他们的专业能力和教学热情直接影响到教学效果和学生的学习体验。因此，提供合理的薪酬和良好的工作条件对于激励教师，提高教师教学质量具有重要意义。管理人员的工作也同样重要，他们能确保教学活动的顺利进行，为教学提供必要的支持。通过对教师和管理人员的薪酬的合理发放，大学英语教学能够实现经济和效益上的双重优化。

第二节　大学英语教学的教学目标

大学英语教学的教学目标是多元且综合的，主要可以从以下几个方面来考虑。

一、语言知识目标

在大学英语教学中，学生需要掌握的语言知识相当广泛，这些知识构成了学生英语能力的基础，对于他们未来的学术研究、工作和日常交流都有着重要的影响，因此大学英语教学的语言知识目标就是帮助学生掌握这些知识。这些知识主要包括语音知识、词汇知识、语法知识和句型结构。

（一）语音知识

英语语音知识的掌握对于提升学生的听说能力至关重要。这不仅包括学生对单个音素的发音，还涉及音节的拼读、单词的重音和句子的语调。学生只有通过不断练习，才能够准确地发出各种音素，正确地拼读单词和音节，掌握英语句子的重音和语调规律。此外，学生还需了解不同地区和国家的英语口音和发音差异，以便能够在不同语境中准确地理解和运用英语。通过模仿、听写、朗读等方式，学生可以不断提高自己的发音准确性和语音流利性。

（二）词汇知识

词汇是构成语言的基本元素，因此在大学英语教学中，学生需要不断积累词汇，了解单词的多种含义和用法。这不仅包括日常生活中常用词汇的学习，还包括专业术语等的掌握。学生需要通过阅读、记忆、练习等多种方式来扩充词汇量，并学会在不同的语境中准确运用这些词汇。了解词汇的词根、词缀也有助于学生更快地记忆和理解新词汇。

（三）语法知识

语法是构成句子和语篇的规则体系，是确保语言准确、通顺表达的重要因素。在大学英语教学中，学生需要系统地学习英语的语法规则，包括词性、句子结构、时态、语态、从句、冠词、介词等。通过大量的练习和应用，学生可以将这些语法知识内化为自己的语言能力，提高自己的语言运用水平。语法学习不应仅限于死记硬背，更重要的是要通过学生在实际语境的应用来加深对语法的理解和记忆。

（四）句型结构

句型结构的学习有助于学生掌握不同类型句子的构造和用法，理解句子成分的作用和位置，从而帮助学生更加灵活地运用语言进行表达。这包括简单句、并列句、复合句等不同类型句子的结构，以及各种句式的变化和运用。通过对句型结构的学习，学生可以提高自己的写作和口语表达能力，更加准确地表达自己的思想和观点。此外，对于英语考试中的长难句解读，也需要学生有较强的句型结构分析能力。

二、语言技能目标

语言技能目标是大学英语教学目标的重要组成部分，其重要性主要体现在以下几个方面。

（一）语言技能目标的重要性

1.实际应用能力的提升

语言技能的培养直接关系到学生将来能否在实际情境中有效地运用英语。听、说、读、写是语言运用的基本技能，只有全面提升这些技能，学生才能在日常生活、学术交流和职业发展中熟练使用英语。

2.促进综合语言能力的发展

语言技能的培养有助于促进学生综合语言能力的全面发展。例如，听力训练可以提高学生对语音和语调的敏感度，增强他们的理解和应对能力；口语训练则能增强学生的即兴反应能力和语言组织能力；阅读和写作训练则能提升学生对语言结构和语篇组织的认识。

3.增强跨文化交际能力

在经济全球化的背景下，英语已成为国际交流的重要工具。培养学生的语言技能，尤其是听说能力，是提升其跨文化交际能力的重要途径。通过模拟不同文化背景下的交流情境，学生可以更好地理解和尊重文化差异，提高其在国际舞台上的沟通能力。

4.适应未来职业发展的需求

在许多行业和职业领域，英语能力已成为重要的职业技能之一。具备良好的英语听说读写能力，能够让学生在就业市场上更具竞争力，更容易获得优质的工作机会。

5.促进自主学习和终身学习的能力

语言技能的培养不仅仅是为了应对考试，更是为了培养学生的自主学习能力和终身学习的习惯。通过语言技能的训练，学生可以更好地掌握学习策略，形成高效的学习方法，为其今后的职业发展和个人成长打下坚实的基础。

（二）语言技能教学的主要内容

在大学英语教学中，听力理解和口语表达是两项关键的语言技能目标。对于听力理解而言，其目标是提高学生通过听觉捕捉信息的能力，使他们能够准确理解在不同口音、语速和语境下的英语口语交流和听力材料内容。这不仅包括其对日常对话的理解，还包括其对学术讲座、新闻报道等更为复杂材料的理解能力。对于口语表达而言，教师应着重培养学生在不同场合如日常会话、公共演讲和学术讨论等使用英语进行口头交流的能力。学生应能够清晰流利地表达自己的观点和情感，正确运用语音、语调、语速等语言要素，并在口语交流中灵活运用各种交际策略。

阅读理解和写作能力也是大学英语教学中不可或缺的部分。阅读理解旨在增强学生阅读并理解英语材料的能力，包括对不同体裁和难度材料的阅读理解，以及运用各种阅读策略提高阅读效率的能力。写作能力的培养则聚焦于使学生能够用英语完成不同类型和难度的写作任务，并准确运用语法、词汇、句式、段落结构等语言要素。此外，翻译能力的提升也是重要目标之一，人们强调学生在保证翻译准确性的同时，实现语言的流畅转换，提高翻译的自然度和地道性，加深对文化背景、语境和语言习惯等方面的理解和运用。

三、文化培养目标

大学英语教学不是只包括语言知识和语言技能教学，也包括文化教学。随着中国对外交流的扩展，大学英语教学在提高中国国民的文化意识和文化能力方面的作用愈加显现，中国国民文化意识和文化能力的提升对于中国国家形象的提升也大有裨益。总体来说，大学英语教学的文化培养目标主要包括以下两个方面的内容。

（一）培养学生的文化意识

1.文化意识的内涵

文化意识是个体对于不同文化特征、价值观和行为模式的认识和敏感度，它体现了一个人对文化差异的理解和尊重。具有强烈文化意识的个体能够意识到自己的文化背景是如何影响自己的观点和行为的，并能理解其他文化背景下人们的行为和反应。

文化意识的核心是人们对文化差异的认知和尊重。这意味着个体不仅能够认识到不同文化之间存在差异，而且能够理解这些差异背后的历史、社会和文化根源。具有文化意识的个体会努力避免文化刻板印象和偏见，努力理解并尊重不同文化的价值观和习俗。文化意识还与个体的社会责任感和公民意识密切相关。具有强烈文化意识的个体通常会更加关注社会公平等问题，他们倾向于采取积极的行动来促进社会和谐和包容性。

2.文化意识的培养

大学英语教学不仅仅关注语言技能的培养，更着眼于学生综合素质的提升，其中包括文化意识的培养。文化意识是指个体对于不同文化特征、价值观和行为模式的认识和敏感度。在全球化背景下，具有强烈文化意识的个体能更好地进行国际交流，避免文化冲突，展现出国际化素质。大学英语教学之所以能培养学生的文化意识，是因为英语本身就是一种广泛用于国际交流的语言，而且英语教学过程中涉及大量的文化元素。教师可以通过引入英语国家的历史、文化等内容，使学生在学习语言的同时，了解和感受到不同文化的特点。这不仅有助于提高学生的语言应用能力，更有助于培养他们的跨文化意识。

（二）培养学生的文化能力

大学英语教学在培养学生语言能力的同时，承担着提升学生文化能力的重要任务。这里的文化能力不仅包括对英语文化的深刻理解，还包括用英语表达和传播母语文化的能力。

1.理解英语文化的能力

能够深刻理解英语文化的深层内涵是大学英语教学的重要目标之一。在全球化日益加深的今天，跨文化交流变得尤为频繁，理解对方文化的深层内涵成为有效交流的关键。英语作为国际通用语言，在这一过程中发挥着重要作用。大学英语教学应当引导学生深入了解英语国家的历史背景、社会结构、价值观念等文化元素，培养学生的文化敏感性和跨文化交际能力，使他们能够在实际交流中减少或避免文化冲突和误解。这不仅有助于提升学生的语言应用能力，也使他们能够更加自信地参与国际交流，展示出较强的跨文化适应能力。

2.用英语表述母语文化的能力

使用英语表述母语文化的能力同样重要。在文化全球化的大背景下，各国文化的交流和互鉴变得日益密切，中国作为世界四大文明古国之一，拥有深厚的历史底蕴和独特的文化魅力。大学英语教学应当鼓励学生学习如何用英语准确、生动地表达中国的历史、文化、艺术等内容，提升他们的跨文化传播能力。这样不仅有助于提高中华文化在国际上的影响力，也能增强国家软实力。学生在这个过程中，不仅学到了如何用英语介绍中国文化，也增强了他们对自身文化的认识和自豪感。

（三）帮助学生明确文化定位

大学英语教学的教学目标之一是帮助学生明确母语文化和目的语文化的定位，确立正确的文化认知，以促进跨文化交际的有效进行。中华文化拥有深厚的历史底蕴和独特的文化魅力，是世界文化宝库中的瑰宝，有着举足轻重的地位。在这样的文化背景下，大学英语教学不仅需要引导学生学习和掌握英语这一语言工具，更要引导他们深入了解和认识自身的母语文化。母语文化是个体进行跨文化交际的基础和出发点，只有对自身文化有着深刻的认识和理解，学生才能在跨文化交际中找到立足点，展开有效的沟通。为了实现这一目标，教师可以运用母语文化英译、文化对比等教学方法，让学生在学习英语的过程中，同步学习和认识中华文化，提升他们的文化比较能力和跨文化交际能力。

随着英语在全球范围内的广泛应用，其在国际交流中的地位愈发重要。大学英语教学需要紧跟时代的发展，不断拓展教学内容，将目的语文化的学习纳入教学体系。通过学习英语国家的历史、文化、社会等方面的知识，学生能够更加全面、深入地理解目的语文化，建立起正确的文化定位。在这个过程中，学生不仅能够学习到丰富的语言知识，还能够提升自己的跨文化交际能力，为将来在国际舞台上更好地展示自己打下坚实的基础。

四、人才培养目标

大学英语教学的核心目标是培养能够适应并推动社会与国家发展的高素质人才，这一目标的设定源于学校对现代社会发展需求的深刻认识和对教育责任的高度担当。在文化日趋融合的今天，英语作为国际交流的主要语言，其重要性不言而喻。国家的发展离不开与世界的紧密联系，而这种联系在很大程度上依赖于具有良好英语能力和国际视野的人才。这些人才能够有效地沟通，能够在跨文化的环境中与他人协作，从而推动国际合作和交流，提升国家在国际舞台上的影响力。

同时，大学作为高级人才培养的重要基地，肩负着为社会输送创新能力强、综合素质高的人才的重任。英语作为一门工具学科，其教学不仅仅是为了让学生掌握一种语言，更是为了通过语言学习，培养学生的跨文化交际能力、批判性思维能力和自主学习能力。这些能力对于学生未来的职业发展和社会适应具有极为重要的作用，是他们成为对社会有用的人才的重要基础。此外，随着科技的飞速发展和信息时代的到来，英语作为获取信息的主要渠道之一，对于提升国民整体的信息素养、增强创新能力具有不可忽视的作用。大学英语教学应当引导学生利用英语这一工具，更好地获取和处理信息，培养他们的信息意识和信息能力。

因此，将大学英语教学的目标定位为为社会和国家发展培养人才，是基于对国家发展需求的深刻认识，是对教育责任的积极担当，也是对学生未来发展的深切关怀。大学英语教学不仅可以提升学生的语言能力，还可以培养他们的国际视野、批判性思维和实际应用能力，为他们将来更好地服务于社会和国家奠定坚实的基础。

第三节　大学英语教学的教学方法

英语教学方法是一套基于明确原则和步骤的语言教育途径和技巧，其以一系列优秀的教学理念为基础，这些理念触及英语语言本身和学习英语的独特属性、教学大纲、教育目标、教育任务、教师职责和教材的作用等方面。此外，它还涉及研究学习者如何学习以及如何利用英语材料进行教育的过程。从实际操作的视角来看，大学英语教学方法关注教育活动中教师和学生的具体行动，即教师应该进行哪些活动、如何进行，学生应该进行哪些活动、如何进行，以及如何决定和运用教学内容的策略和技巧。大学英语教学方法可以分为直接法、听说法、演示法、语法翻译法、交际法、情境法等多种类型。接下来，本书将主要探讨大学英语教学中较为新颖的几种教学方法。

一、任务型教学法

（一）主要内涵

任务型教学法是交际教学法的发展，是一种以"任务"为核心，注重"在做中学"的语言教学方法，其主要内涵可以从以下几个方面进行深入理解和论述。

1. 任务型教学法的教育理念：学以致用

任务型教学法的核心理念在于将语言学习与真实生活或工作中的具体任务相结合，强调"学以致用"。这种教学方法鼓励学生将学到的语言知识运用到实际的交流和解决问题的场景中，通过实际操作和练习来巩固和提升语言能力。这不仅能使语言学习更加贴近实际，更能增强学生对所学知识的理解和记忆。与传统的语法翻译法不同，任务型教学法注重语言的功能性，而不是仅仅停留在词汇和语法规则的记忆层面。例如，教师可以设计一个任务，让学生扮演旅游顾问的角色，为一位外国游客规划一次旅行。在这个过程中，学生需要运用所学的语言知识，询问游客的需求，提供旅游建议，解决可能出现的各种问题。这不仅能让学生在真实情境中使用语言，还能让他们学会如何运用语言解决实际问题。

2. 任务设计：与真实交际环境相结合

任务型教学法将任务设定为教学的核心单元，每一个教学活动都围绕着具体的任务展开。教师在设计任务时，需要确保任务具有明确的目标，操作性强，并能够让学生置身于真实或接近真实的交际环境中。这样的任务设计有助于学生通过各种语言活动（如表达、沟通、交涉等）来完成任务，从而在实践中学习和使用语言，更好地理解和掌握语言知识。以商务英语课程为例，教师可以设计一个模拟商务会议的任务，让学生扮演公司经理、客户、供应商等不同角色，通过角色扮演，学生需要运用商务英语进行谈判、讨论合同条款、解决商业争端等。这种任务不仅能让学生在实际语境中使用商务英语，还能让他们了解商务交际的规范和技巧，提升他们的职业竞争力。

3.强化语言综合运用能力：准确性、流利性和复杂度

任务型教学法注重学生语言能力的全面发展，特别强调准确性、流利性和复杂度三个方面的培养。

（1）任务型教学法要求学生在实际交际中正确使用语言，强调语法结构的准确性和词汇的恰当运用。通过一系列切实可行的任务活动，学生被引导去注意语言的规范性，纠正错误的语言习惯。例如，在进行一个描述日常生活的任务时，教师会强调时态、人称和数量词等语法点的准确运用，确保学生能够规范地表达自己的思想。

（2）流利性是语言交际中至关重要的一环。任务型教学法通过模拟真实交际场景，促使学生在实际使用语言的过程中提升表达的流畅度。学生在完成任务时，被鼓励迅速反应，自然地表达自己的想法。例如，在进行一项团队讨论的任务中，学生需要迅速反应，与队友流畅交流，这不仅提升了他们语言的流利度，也增强了团队协作能力。

（3）任务型教学法还注重提高学生语言表达的复杂度。随着学习的深入，任务的难度逐渐增加，学生被要求在更复杂的语境中运用语言，表达更为复杂的意思。这需要学生具备丰富的语言知识储备和灵活运用语言的能力。例如，在进行一项辩论任务时，学生需要运用复杂的句式和丰富的词汇，清晰而有力地表达自己的观点，这无疑提高了他们语言运用的复杂度。

4.构建整体的教学系统：任务的有机整合

任务型教学法构建了一个以任务为核心的整体教学系统。每个任务都是这个系统中不可或缺的一部分，它们之间相互关联，共同推进学生语言能力的提升。在任务型教学系统中，各个任务不是孤立存在的，而是相互联系，有机整合的。任务之间通过内容或技能上的关联，形成一个协调统一的教学体系。例如，教师在初级阶段可能设计一些简单的描述性任务，如描述自己的家庭、朋友等，随着学习的深入，任务的难度逐渐提升，教师可能会设计一些更为复杂的任务，如辩论环保的重要性、讨论文化差异等。这样的任务设计确保了学生能够在实际使用语言的过程中，逐步提升自己的语言能力，最终达到综合运用语言的目标。

（二）设计应用

1.任务前阶段

任务型教学法在应用过程中的"任务前阶段"是至关重要的，这个阶段包含两个小阶段：任务的准备和任务难度的设计。接下来，本书将针对这两个小阶段进行详细分析。

（1）任务的准备。任务的准备主要包括学习者需要获取、处理或表达的信息内容以及学习者为完成这些任务所需的语言知识、技能或能力。首先，学习者需要理解任务的目标，包括要完成的信息内容，这需要教师明确指导和解释。同时，学习者需要准备相关的语言知识和技能，如词汇、语法、语用等。这一阶段的主要目标是使学生对即将完成的任务有所了解，同时获得完成任务所需的必要工具。在此阶段中，教师还需特别关注两个问题：语言输入的真实性和任务的难度。语言输入的真实性，意味着教学材料需尽可能接近真实的口头语言和书面语言。这意味着，教师应尽可能使用真实的语言环境，如新闻报道、电影剧本、真实的对话等，而不是人为制造的或过于简化的教学材料。

（2）任务的难度在任务型教学法中占有重要地位，它对学生的学习动机、参与程度以及学习效果产生直接影响。任务的难度主要由以下三个方面的因素决定：学习的内容、活动的类型和学习者自身的因素。

在任务型教学法中，合理调整任务的难度对于激发学生的学习兴趣和提高学习效率至关重要。学习内容的复杂性直接影响到任务的难度水平。教师在设计任务时，需要深入分析教学内容，确保任务的难度与学生的语言水平相匹配。例如，对于初级学习者，教师可以设计一些涉及日常生活话题、使用基础词汇和简单语法结构的任务，如让学生用所学的外语描述自己的一天。这样的任务有助于学生巩固基础知识，提高语言运用的自信心。对于中高级学习者，任务的内容可以更加复杂和深入，如进行一次关于环保问题的小组讨论，要求学生使用高级词汇和复杂语法结构，发表自己的观点并与同学进行互动。这样的任务不仅能够提高学生的语言表达能力，还能够增强他们的批判性思维和沟通协作能力。

任务的类型同样对任务的难度产生重大影响。在设计任务时，教师需要充分考虑学生的学习风格、兴趣和能力，选择合适的活动类型。对于喜欢独立学习的学生，教师可以设计一些个人作业，如写一篇关于某个话题的短文。这样的任务可以让学生有充分的时间思考和组织语言，提高写作能力。对于喜欢互动和合作学习的学生，教师可以设计一些小组活动，如进行一次团队项目，要求学生共同完成一项研究任务。这样的活动不仅能够提高学生的语言表达能力，还能够培养他们的团队协作能力和解决问题的能力。

学习者的个人差异在任务设计中占有举足轻重的地位。教师需要深入了解每位学生的语言水平、学习动机和学习风格，设计出既具有挑战性又能激发学生兴趣的任务。例如，对于自信心较弱的学生，教师可以设计一些难度较低、易于完成的任务，如填空练习或简单的对话练习。这样的任务可以帮助学生建立成功的体验，提高他们的学习动机。对于自信心较强、寻求挑战的学生，教师可以设计一些难度较高、需要深入思考和分析的任务，如辩论或批判性写作任务。这样的任务可以满足他们的求知欲，促使他们更加积极地参与学习活动。

2.任务中阶段

任务中阶段，也被称为任务实施阶段，是任务型教学法中关键的一环。在此阶段，学生开始实践和运用他们在任务准备阶段学习到的知识和技能。在此阶段，教师需要注意任务的开展形式。教师需要根据学生的具体情况设计多样化的任务实施形式，以满足不同学生的学习需求。例如，对于需要提高口语能力的学生，教师可以设计一系列的口语练习活动，如模拟面试、情景对话等，让学生在实际交流中运用语言，提高口语表达能力。对于需要加强写作训练的学生，教师可以安排一些写作任务，如作文、报告等，引导学生将所学的知识运用到实际写作中，提高写作能力。在这个过程中，教师可以提供不同层次的指导和支持，帮助学生克服学习过程中的困难，提高学习效果。同时，教师可以鼓励学生进行自我评价和反思，帮助他们意识到自己的优点和不足，制定改进的策略。

任务中阶段的设计应注重任务的实践性和针对性，确保学生通过实践活动能够将所学的知识与技能转化为自己的能力。教师在设计任务时，可以结合学生的实际生活和兴趣，设计一些贴近学生生活的实际应用任务，如生活中的购物对话、旅行规划等，让学生在实际应用中运用语言，提高语言运用能力。同时，任务的设计应注重针对性，教师应根据学生的不同需求和水平，设计不同难度和类型的任务，确保每位学生都能在任务中找到适合自己的学习内容和挑战，实现个性化学习。

3.任务后阶段

任务后阶段是任务型教学法的一个重要部分，其中包括任务的汇报和评估两个主要步骤。这个阶段的目标是提供反馈，促进学生的自我反思，并让他们有机会改进和提高。

（1）优化任务汇报过程，培养学生的表达能力。在任务型教学法的任务后阶段，任务汇报不仅是学生展示成果的平台，也是他们锻炼语言能力的良好机会。为了让这个环节发挥最大效能，教师需要充分考虑如何指导学生，使他们能够更加流畅和自信地表达自己。在英语教学的情境下，教师可以组织一次模拟新闻发布会，要求学生就他们在任务中阶段研究的话题进行汇报。每个小组负责一个特定的话题，并在班级面前以新闻发布会的形式展示他们的研究成果。这不仅能够提高学生的公众演讲能力，还能够锻炼他们用英语清晰表达复杂信息的能力。在这个活动中，学生不仅需要准备充分的内容，还需要注重自己的语言表达。教师可以提前提供一些演讲的技巧和语言表达的建议，帮助学生更好地准备他们的汇报。通过这样的练习，学生能够在实际运用英语的环境中提升自己的语言能力，更加自信地使用英语进行沟通。

（2）构建全面的评估体系，促进学生的自我发展。评估环节在任务后阶段中同样不可或缺。它不仅是对学生学习成果的一次检验，也是推动学生进行自我反思和评价的重要时刻。在英语教学中，这个环节可以设计得更加具有互动性和参与感。教师可以引导学生自己参与评估过程，让他们对自己和同学的表现进行评价。例如，在一个以小组讨论为主的活动中，学生需要用英语讨论一个具体的话题，并在最后向全班汇报他们的讨论结果。在这个过程中，学生不仅能够提高自己的英语口语能力，还能够学习如何评价和反思自己的表现。评估环节结束后，教师可以组织一次全班讨论，让学生分享他们对自己和同学表现的看法，并提出改进建议。这样的活动不仅能够增强学生的自我评价能力，还能够培养他们的批判性思维和团队协作能力。

二、项目式教学法

（一）主要内涵

1. 项目式教学法的概念

项目式教学法是一种将学习过程与真实生活紧密结合的教学模式。它通过引导学生参与并完成实际项目，实现了知识学习、技能应用和个人素质的全面发展。在这种教学模式下，学生不再是被动接受知识的容器，而是变成了主动探索和解决问题的参与者。教师的角色也从传统的知识传授者转变为引导者和助手，他们提供必要的指导和资源，帮助学生在项目的执行过程中找到学习的方向和方法。

在项目式教学中，学生需要将自己所学的知识和技能应用到具体项目中，通过分析问题、寻找解决方案、实际操作和团队合作等一系列过程来完成项目任务。这种教学方式不仅能让学生在实际生活中运用所学知识，更重要的是，它培养了学生的实际操作能力、创新思维和团队协作精神。学生在项目的实施过程中，不断地尝试、探索和反思，这种自主学习的过程有助于培养他们的批判性思维和问题解决能力。

项目式教学法通过将学习内容与现实生活中的问题和情境紧密联系，使学生能够更好地理解和运用知识。学生通过参与具有现实意义的项目活动，可以更深刻地感受到所学知识的价值和应用领域，从而提高了学习的积极性和主动性。在这种教学模式下，学习不再是孤立的任务，而是与个人成长和社会实践紧密相连的过程。这种与现实生活紧密结合的学习方式，使学生在解决实际问题的过程中，不仅能够将所学的理论知识转化为实际能力，还能够培养他们的社会责任感和创新精神。学生在项目中的表现和成果不再只是对他们知识掌握程度的考核，更是对他们综合能力和个人素质的培养。这种教学法强调结果的同时，更注重过程中学生能力的提升和个人潜力的挖掘。

通过这种教学模式，学生能够在真实世界的背景下学习和运用知识，这不仅增强了学习的实际意义，还有助于提升学生的综合素质和未来的社会适应能力。项目式教学法因其注重实践、强调学生主体性和紧贴现实生活的特点，成为现代教育中一种非常有效的教学方法。

2.项目式教学法的特点

（1）以学生的兴趣为中心，并选取与实际生活紧密相连的项目主题。这种方法体现了教育的实际性，也充分调动了学生的学习积极性。学生的学习兴趣被激发后，将更愿意主动参与学习过程，自主寻找和解决问题。同时，将学习内容和实际生活相结合，能帮助学生理解和掌握知识的实际意义和应用价值，培养他们运用所学知识解决实际问题的能力。

（2）要求学生进行团队合作，但同时注重保持他们的独立性和自主性。在团队合作中，学生可以学习和运用协作技能，通过团队成员间的互动和协商，共同完成项目任务，提升团队合作精神和协作能力。而在保持独立性和自主性的过程中，学生也可以根据自己的学习需求和兴趣，选择和设计自己的学习任务，培养自我学习和自我管理能力。

（3）注重语言的形式和其他方面的能力。在项目式教学法中，语言不仅是学习的工具，也是学习的目标。学生在项目学习过程中，需要通过语言来获取信息、交流想法、表达观点和汇报结果，这样就能在实际应用中提高他们的语言能力。同时，项目式教学法强调其他能力的培养，如信息处理能力、思维能力、创新能力和评价能力等。

（4）以过程和结果为导向，兼顾综合能力的培养和项目完成后的反馈。项目式教学法强调学习的过程和结果同等重要，不仅关注学生是否完成了项目任务，也关注他们在完成任务过程中的学习体验和能力提升。同时，教师会根据项目的完成情况和学生的学习表现，给予反馈和评价，帮助他们了解自己的优点和不足，反思和改进学习方法，提高学习效果。

（二）设计实施

1.设计原则

（1）可行性原则。在进行英语项目式教学设计时，将可行性原则放在首位是极为重要的。这就意味着，在规定的时间框架内，学生应当能够独立或在团队合作的环境下，顺利完成项目。因此，教师在选择项目主题和具体内容时，必须仔细考虑学生的英语水平、认知能力以及他们的兴趣所在。例如，假设一个项目的目标是让学生制作一份英文广告，教师就需要确保学生有足够的语言能力来进行创意表达。此外，引入学生的兴趣领域，如时尚或科技，可以提高他们参与项目的积极性。

（2）启发性原则。启发性原则在英语项目式教学设计中扮演着关键角色，它要求项目能够激发学生的兴趣和求知欲，并且包含一些需要深思熟虑的问题。例如，教师可以设计一个关于"国际新闻分析"的项目，学生需要团队合作，分析并报告一个国际新闻事件发生的背景、过程及其对现实世界的影响。这样的项目不仅能激起学生对国际事务的兴趣，也能引导他们学会如何进行深入研究，并用英语清晰、有逻辑地表达自己的观点。

（3）整合性原则。整合性原则要求项目能够将多个英语学习领域融合在一起，以主题为核心，实现知识和技能的综合运用。例如，在一个关注"健康生活方式"的英语项目中，学生可能需要通过阅读英文文章来获取健康信息，然后用英语撰写一篇关于健康饮食或运动的建议报告。在这个过程中，阅读、写作、讨论等多种语言技能被综合运用，这种跨学科的学习方法有助于学生更全面地发展自己的英语能力。

2.实施过程

（1）在实施项目式教学法时，构建符合教学目标的项目环节是至关重要的一步。这个过程需要教师具备创造性思维，并对教学目标、学生的需求、话题本身有充分的理解。项目的设计应该直接反映出教师所设定的教学目标，而这些目标不仅包括学生在知识和技能方面的学习，还涉及情感态度和价值观的塑造。例如，假如教学目标是增强学生的英语听说能力和跨文化沟通能力，一个可能的项目主题便是"在英语国家的文化体验"。在设计项目时，教师需要挑选出能够激起学生学习兴趣并与他们的实际生活紧密相连的话题。例如，"全球化对当地文化的影响"这一话题不仅贴近学生的生活，也会引发他们的深思。

在具体实施项目时，教师需要根据已设定的教学目标和选定的话题来规划各个项目环节。以"全球化对当地文化的影响"为话题的项目中，教师可以要求学生进行相关问题的研究，并通过小组讨论来形成共识。接下来，学生需要合作撰写一篇英文演讲稿，并在班上进行口头报告。这个过程不仅锻炼了学生的英语听说能力，也培养了他们的团队合作精神和跨文化沟通能力。

（2）分工与协作。在项目式教学法中，分工与协作是成功实施项目的关键环节。学生可以根据自己的爱好和优势，自主选择合适的小组，并在小组内分配不同的角色和任务，如负责统筹的组长、搜集资料的成员、负责表述的成员等。这种基于个人特长和兴趣的分工，能够激发学生的积极性，提高团队协作的效率。在小组形成后，学生需共同参与到项目的计划制订中，包括明确研究主题、规划具体实施步骤、估算完成项目所需时间以及预测可能遇到的挑战。这一过程要求学生积极地搜集和处理信息，运用各种资源，如网络、书籍、新闻甚至是专家访谈等。

在确立了清晰的项目计划和分工后，团队成员需要协同工作，共同推进项目的进展。信息的收集和整理成为团队协作中的重要一环，所有成员都需要参与这一过程，并确保信息的准确性和可靠性。同时，团队还需要确定解决问题的策略，并选取最佳的方式来呈现他们的项目成果。这些呈现形式可能包括但不限于文档、多媒体演示、动画、网页或者程序设计等多种形式。通过这种方式，学生不仅能够锻炼自己的信息处理能力和团队协作能力，还能够学会如何有效地展示和传达自己的观点和成果。这种以学生为中心，强调实践和协作的教学方法，有效地促进了学生综合能力的提升。

（3）展示与评价。项目的最终步骤是展示和评价。项目的成果可以通过多种形式展现，例如，发布到网站上或者在班级、学校进行展示。同时，教师应鼓励学生之间对学习成果进行交流和反思，这是对学习过程的再思考。对于评价，项目式教学应运用多主体评价方式，包括教师评价、同伴评价、自我评价以及社会反馈。评价过程应该是开放的，给予学生参与评价的机会，这样能促进他们的自主性和批判性思维。同时，评价的结果应当能对学生的学习起到促进作用，帮助学生识别自己的优点和不足，引导他们进行持续的学习和改进。

三、交际型教学法

（一）主要内涵

交际教学法是 20 世纪 70 年代在欧洲国家崭露头角的一种外语教学方法，它的诞生与当时国际交往的频繁和语言交流需求的增加密切相关。在 60 年代，随着西方国家经济的繁荣和交通的发展，人们对于掌握外语进行有效沟通的需求日渐增强。但是那个时期，虽然很多人在学校里学习了外语，却发现自己在实际生活和工作中无法用外语进行有效的交流。这种情况引发了人们对传统的语法翻译教学方法的反思，人们开始寻找一种更加注重实际交际能力培养的教学方法，于是交际教学法应运而生。

交际教学法得以发展和广泛应用，离不开其坚实的理论基础，即社会语言学和心理语言学理论。这些理论强调语言是为了交际而存在的，人们学习语言的主要目的是在各种社会情境中使用语言进行有效的沟通和交流。因此，在交际教学法中，语言教学的焦点不再局限于语法规则和词汇的记忆，而是转向了如何帮助学习者在真实或模拟的交际情境中使用语言，如何培养他们解决实际交际问题的能力。也就是说，交际教学法的主要教学目标是培养学习者的语言交际能力，这不仅包括语言的基础知识和技能，如语音、词汇和语法，更重要的是包括运用这些基础知识和技能进行有效交际的能力。这意味着学习者需要能够根据不同的交际情境，选择合适的语言资源，进行恰当的语言表达，理解和产生连贯、恰当的语言输出。

（二）设计应用

1. 设计交际行为

交际教学法的核心是通过设计和组织语言交际活动，提高学生的实际语言运用能力。在这个过程中，重点是设计一系列能够让学生在真实或者模拟的语境中运用目的语进行交流的活动。以下是三类能够体现语言功能特征的交际活动的设计思路。

（1）叙述类活动。在这类活动中，学生被引导描述一个场景、事件或者人物。通过这种方式，学生能够在连贯的语篇中使用目的语，培养其叙事能力。例如，教师可以要求学生叙述他们最难忘的一次旅行经历、一个有意义的人物故事，或者一次特殊的文化体验。这样的活动不仅能够促进学生语言表达的流利度，还能够帮助他们提高逻辑思维和语言组织能力，从而更好地参与到语言交际中。

（2）解谜类活动。解谜活动是一种有效的语言训练方法，它要求学生在交流过程中使用目的语进行思考和表达。具体来说，教师可以设定一个谜语或者难题，要求学生通过互相提问和回答来找到答案。这种活动不仅能够激发学生的好奇心和求知欲，还能够锻炼他们的口语表达和听力理解能力。

（3）情境对话活动。情境对话活动要求学生在特定的语境中与他人进行对话，这能够帮助他们提高其在实际交流中运用语言的能力。为了达到这个目的，教师可以设置一些日常生活中常见的交流场景，如在餐馆点餐、在商店购物，或者在机场办理登机手续等。通过在这些真实或模拟的情境中进行对话，学生能够更好地理解语言在不同场合的运用规则，提高他们的交际能力。

2.评价交际能力

在英语教学活动中，以下三个方面的评价是相互联系，缺一不可的。只有对这三个方面都有所掌握，才能有效增强学生的得体性，帮助学生更好地参与文化交际活动。

（1）对目的语得体性的评价。在跨文化交际中，学生对话题的选择和表达方式的得体性至关重要。这不仅体现了学生对目标语言文化背景知识的掌握程度，也关系到他们能否在实际交际中得体地表达自己。例如，在西方文化背景下，对一个人的薪资和宗教信仰的询问通常被认为是不礼貌和侵犯隐私的，因此在与外国人交流时避免提及这些话题是非常必要的。如果一个学习英语的中国学生不经意间问到了这样的问题，就可能造成交际的尴尬，甚至影响双方的关系。因此，教师需要引导学生了解并掌握目的语言文化中的交际规范，评价学生在实际交际中的适应性和得体性。

（2）对目的语文化背景知识的评价。掌握目的语文化背景知识对于提升学生的交际能力是至关重要的。教师在教学中应该不仅仅注重语言知识的传授，还应该强调文化背景知识的介绍。通过丰富多样的教学活动和情景模拟，教师可以帮助学生更好地理解目的语言背后的文化内涵，并在实际交际中运用这些知识。比如，教师可以设计一些情境让学生去发现和纠正文化冲突，通过这样的活动，学生不仅能够更加深刻地理解目的语文化，还能够提升自己的跨文化交际能力。教师在评价学生的过程中，应该综合考虑他们对目的语文化背景知识的掌握程度和运用能力，提供有针对性的反馈和指导，帮助学生更好地适应和参与跨文化交际活动。

（3）对约定俗成的语言的掌握程度的评价。在运用交际型教学法开展英语教学时，对学生在语言交际中对约定俗成的语言的运用进行评价是非常重要的一环。因为每一种语言都有其独特的文化内涵和使用习惯，而这些往往体现在日常交际中经常使用的固定表达和习惯用语上。

例如，在英语交际中，许多表达方式和词组是约定俗成的，这些固定的用语和表达方式在特定的语境中承载了丰富的文化内涵和社会信息。因此，评价学生是否能够娴熟运用这些约定俗成的语言形式，对于判断其交际能力的高低具有重要意义。例如，在问候语中，英语中常用"Good morning"或"Hello"来打招呼，而不是使用直译的"Morning!"或者"Hi, there!"；在表达感谢时，人们通常使用"Thank you"而不是"Thanks a lot"来表达深切的感激之情。教师在教学中应该重视对这些约定俗成用语的介绍和训练，帮助学生在实际交际中准确无误地运用。

约定俗成的语言形式和用法背后往往蕴含着丰富的文化内涵和社会价值观。教师在评价学生交际能力时，不仅要关注他们是否能够准确运用这些固定表达，还要考察他们是否能够理解这些表达背后的文化意义和社会含义。例如，在英美文化中，使用"Please"和"Thank you"不仅仅是表达请求和感谢的工具，更是展示个人礼貌和教养的重要方式。如果一个学生能够在适当的场合正确使用这些表达，并理解其背后的文化意义，那么他的交际能力可以说是相当高的。教师在教学和评价中，应该引导学生深入挖掘这些固定表达背后的文化内涵，提升他们的文化意识和交际能力。

第四节　大学英语教学改革的发展历程

一、大学英语教学改革初期

改革开放初期至 20 世纪末，是中国大学英语教学改革的初级阶段。在这一时期，英语教学经历了较大的变革。在这 20 多年中，中国的大学英语教学在实用性、外语专业化和跨学科方面取得了显著的成果。下面，本书将简要介绍这一时期大学英语教学改革的历程。

（一）1978年至20世纪80年代中期：恢复英语教育

1978年，中国开始实行改革开放政策。此时，英语教育得以恢复。许多大学开始重启英语专业，增加开设英语课程，以满足国家对外交流与合作的需求。此外，大量的英语教材进入中国市场，为英语教学提供了丰富的资源。1980年8月，人民教育出版社出版了《英语教学大纲》。这份《英语教学大纲》并没有将听、说、写列入教学目标之内，也没有任何具体的教学要求，只要求学生能每分钟读17个单词。

（二）20世纪80年代中期至20世纪90年代中期：实用性教学

在这一时期，中国大学英语教学注重对学生实用性英语能力的培养。这一点从当时的教学大纲中就能看出。1985年国家教育委员会颁布的《大学英语教学大纲》指出，大学英语的教学目的是"培养学生具有较强的阅读能力和一定的听、说、写、译能力，使他们能用英语交流信息。大学英语教学应帮助学生打下扎实的语言基础，掌握良好的语言学习方法，提高文化素养，以适应社会发展和经济建设的需要"。在这一教学大纲的指导下，英语教材的编写开始更注重英语的实际应用，如《新概念英语》等。此外，英语测试体系也逐步完善，如全国大学英语四六级考试（CET-4和CET-6）的推出，使大学英语教学更加规范化和标准化。

（三）20世纪90年代中期至20世纪末：外语专业化

在这一时期，中国社会、经济快速发展，对外语专业人才的需求不断增加。1999年，教育部修订了大学英语教学大纲，指出大学英语教学不仅要关注语言基础知识教学，还要注重对学生语言能力的培养，同时提出了因材施教、分类指导的原则。现代教育技术和多媒体技术开始进入大学英语教学领域，为大学英语教学的发展带来了新的机遇。与此同时，大学英语教学逐渐向外语专业化发展，不仅有传统的英语文学、翻译等专业，还出现了商务英语、英语教育等新兴专业。伴随着中国与世界各国在文化教育等领域的交流与合作，许多中国学者赴国外留学或进行学术交流，使得中国大学英语教学的教学方法和理念得到了更新。

二、大学英语教学改革的发展期

进入 21 世纪，中国大学英语教学在改革开放的推动下不断发展，特别是 2003 年教育部启动"高等学校教学质量与教学改革工程"，使得大学英语教学呈现出新的特征。以下是这段时间内中国大学英语教学改革的历程。

（一）教学目标的调整

1. 非英语专业

（1）2004 年，教育部颁布的《大学英语课程教学要求（试行）》强调培养学生的英语综合应用能力，尤其是听说能力，以满足社会发展和国际交流的需要。与 1985 版《大学英语教学大纲》相比，《大学英语课程教学要求》首次明确提高学生综合文化素养的目标，强调大学英语教学的功能定位的转变。

（2）2007 年教育部颁布的《大学英语课程教学要求》再次强调，大学英语的教学目标是培养学生的英语综合应用能力，特别是听说能力，使他们在今后学习、工作和社会交往中能用英语有效地进行交际，同时增强其自主学习能力，提高综合文化素养，以适应我国社会发展和国际交流的需要。

（3）2017 年教育部颁布的《大学英语教学指南》指出，大学英语的教学目标是培养学生的英语应用能力，增强跨文化交际意识和交际能力，同时发展自主学习能力，提高综合文化素养，使他们在学习、生活、社会交往和未来工作中能够有效地使用英语，满足国家、社会、学校和个人发展的需要。

根据我国现阶段基础教育、高等教育和社会发展的条件现状，大学英语教学目标分为基础、提高、发展三个等级。在三级目标体系中，基础目标是针对大多数非英语专业学生的英语学习的基本需求确定的，提高目标是针对入学时英语基础较好、英语需求较高的学生确定的，发展目标是根据学校人才培养计划的特殊需要以及部分学有余力的学生的多元需求确定的。大学英语教学与高中英语教学相衔接，各高校可以根据实际需要，自主确定起始层次，自主选择教学目标。分级目标的安排为课程设置的灵活性和开放性提供了空间，有利于实施满足学校、院系和学生个性化需求的大学英语教学。

（4）2020年教育部颁布的《大学英语教学指南》的教学要求部分有机融入了《中国英语能力等级量表》（简称《量表》）的相关内容。在研制过程当中，《大学英语教学指南》充分利用《量表》的研制成果，参照《量表》对相关级别的语言能力进行了描述，并结合大规模问卷调查结果，在对大学英语教学基础目标、提高目标、发展目标三个级别教学要求的描述中，提供了总体描述和语言单项技能描述，其中对基础目标的描述更符合大多数非英语专业学生的教学要求。

基础目标的主要内容有：能够了解日常生活、学习和未来工作中与自身紧密相关的信息；能够正确地运用英语语言词汇、语法及篇章布局等语言学识，在高中阶段应掌管的词汇量在基础目标上增加约2000个单词，其中400个单词为与专业学习与未来工作相关的词汇；能够理解中等语言难度的英语知识、设计常见的个人和社会交流题材的口头或书面材料；能够就熟谙的主题或话题进行简单的口头和书面交流；能够借助网络资源、工具书或他人的辅助，对中等语言难度的信息进行处理和加工，理解主旨思想和重要细节；在与来自不同文化的人交流时，能够意识到彼此之间的文化和价值观差异，并能根据交际需求运用有效的交际策略。

2.英语专业

（1）2018年1月发布的《普通高等学校本科专业类教学质量国家标准（外国语言文学类）》指出，普通高等学校本科各外语类专业旨在培养具有良好的综合素质、扎实的外语基本功和专业知识与能力，掌握相关专业知识，适应我国对外交流、国家与地方经济社会发展、各类涉外行业、外语教育与学术研究需要的各外语语种专业人才和复合型外语人才。

各高校应根据自身办学实际和人才培养定位，参照上述要求，制定合理的培养目标。培养目标应保持相对稳定，但同时应根据社会、经济和文化的发展需要，适时进行调整和完善。

（2）2020年《普通高等学校本科外国语言文学类专业教学指南（上）——英语类专业教学指南》提出，英语专业旨在培养具有良好的综合素质、扎实的英语语言基本功、较强的跨文化能力、厚实的英语专业知识和必要的相关专业知识，能适应国家与地方经济建设和社会发展需要，熟练使用英语从事涉外行业、英语教育教学、学术研究等相关工作的英语专业人才和复合型英语人才。

（二）课程的丰富化

随着社会的发展和英语需求的多样化，大学英语教学的内容和形式也在不断进行调整和改变。过去以《大学英语》1-6级为主的课程体系，已逐步变得更加丰富多元。这种变化的一个重要特征是基础必修课的学分减少，而选修课程的学分增加。选修课程的内容更加丰富，包括口语、口译、翻译等技能提高课程，以及文学、文化类课程和应用类课程，如商务英语、会展英语、旅游英语等。这些新的课程形式都是为了适应学生的个性化需求，为学生提供更具选择性和针对性的英语学习内容。在这样的环境下，学生可以根据自己的兴趣和未来的职业规划，选择更符合自己需求的课程。例如，想要从事外贸工作的学生可以选择商务英语课程，希望提高口头英语能力的学生可以选择口语课程。这样的课程设置不仅满足了学生的多元化需求，也在一定程度上激发了学生的学习兴趣和积极性。

（三）教学模式的多样化

进入新世纪，随着教育理念的转变和教学方法的创新，大学英语教学模式也发生了深刻的变化。在过去，大多数大学的英语教学模式都是相同的，即以教师为主导，学生为被动接受者的传统授课方式。然而，现在的大学英语教学模式已经呈现出多样化的特点。许多大学都开始尝试创建符合本校实际，与本校学生英语基础水平相适应的教学模式和体系。例如，有的学校尝试将任务型教学、情景教学、互动教学等方法引入课堂，这些教学方法都有利于提高学生的实际英语应用能力。在任务型教学中，学生通过完成具体的任务来学习和使用英语，这种方法能使学生在实际的语境中使用英语，提高了学生的语言运用能力。

（四）教育评价的完善

改革开放以来，中国的大学英语教学评价体系也在不断完善。在过去，英语教学的评价主要依赖于期末考试，这种评价方式往往忽视了学生在学期中的学习过程，也不能全面反映学生的英语能力。现在的大学英语教学评价体系更加注重对学生实际能力的考核。教育部推广全国英语等级考试（PETS），这个考试不仅测试学生的语言知识，还测试学生的语言运用能力和文化素养。此外，许多大学也开始实施形成性评价，例如，将课堂参与、作业完成、项目表现等因素纳入最后的成绩评价，这种评价方式更能全面反映学生的学习情况，也更有利于激励学生的学习积极性。这些改变都显示出大学英语教学在评价方式上的进步和完善。

第五节　大学英语教学改革的背景和要求

一、大学英语教学改革的背景

（一）党中央高度重视涉外活动和外语教育

1.习近平同志的回信

2021年9月26日，北京外国语大学（简称"北外"）建校80周年大会隆重举行。习近平同志给北外的老教授回信，祝贺北京外国语大学建校80周年，并向北外全校师生员工和校友致以诚挚的问候。习近平同志在回信中写道，"你们辛勤耕耘数十载，矢志为党和国家培养外语人才，年事已高仍心系于此，这就是人民教师的责任担当。"

习近平同志强调，深化中外交流，增进各国人民友谊，推动构建人类命运共同体，讲好中国故事，需要大批外语人才，外语院校大有可为。希望你们继续发挥传帮带作用，推动北外传承红色基因、提高育人水平，努力培养更多有家国情怀、有全球视野、有专业本领的复合型人才，在推动中国更好走向世界，世界更好地了解中国上作出新的贡献！

习近平同志在北京外国语大学建校 80 周年这个具有历史意义的时刻送来他的祝贺，这一行为举动本身就体现了党中央对北外办学成就的肯定，对北外师生的亲切关怀；而他在回信中作出的明确指示更是彰显了党中央对我国外语高等教育改革发展的高度重视，为我国外语教育事业的发展指明了方向，提供了遵循。

2.党的二十大报告

习近平同志在党的二十大报告中对"增强中华文明传播力影响力"作出重要部署，强调"坚守中华文化立场，提炼展示中华文明的精神标识和文化精髓，加快构建中国话语和中国叙事体系，讲好中国故事、传播好中国声音，展现可信、可爱、可敬的中国形象"。

从习近平同志在党的二十大报告中对于"增强中华文明传播力影响力"的重要指示来看，党中央对于涉外文化交流和对外传播中国声音的工作给予了极高的重视，强调了人们要"坚守中华文化立场"，深入挖掘和展示中华文化的精神内核和文化精髓，并加速建设一套中国自己的话语体系和叙事方式。这不仅是提升国家文化软实力、增强中华文明传播力影响力的必要路径，也是推进文化自信，加快建设社会主义文化强国的重要要求。在新时代的背景下，人们需要全面提升国际传播效能，积极讲好中国故事，传播中国声音，为国家的全面建设和推动构建人类命运共同体贡献力量。

英语作为国际交流的重要工具，英语教育在其中扮演着不可替代的角色。因此，从国家战略的高度来看，大学英语教育改革具有极其重要的意义。人们必须坚定不移地推进大学英语教育改革，培养出既有坚定的政治立场，又具备卓越文化素养和扎实专业知识的复合型人才。这些人才将成为我国对外文化交流和国际传播中的中坚力量，为我国在国际舞台上讲好中国故事、传播中国声音提供坚实的人才支持。通过这样的努力，人们将为中国现代化建设营造更加有利的外部舆论环境，为推动构建人类命运共同体做出更大的贡献。

（二）在"四新"建设中推进外语教育创新

2018 年 3 月，教育部高等教育司司长吴岩在南方科技大学发表的讲话中已经提及新文科将是之后高校改革发展的方向。同年 6 月，四川大学、复旦大学等 150 所高校应国家之需求联合发布的一流本科教育宣言提及加快文科创新发展。新文科建设以打破传统文科思维模式为基础，通过交叉融合推进教育创新，实现多学科间的协同发展，从而在多领域交汇中促进文科升级，提高学生的综合素质，为社会输送大量高素质的复合型人才。2019 年，教育部联合科技部等 13 个部门共同启动"六卓越一拔尖"计划 2.0，作为"四新"建设之一的"新文科"从概念提出进入正式实施阶段。

2020 年 11 月，教育部新文科建设工作组主办的新文科建设工作会议发布《新文科建设宣言》，对新文科建设作出了全面部署，指出面对新使命新要求，我国要推动高等教育改革创新，加快培养紧缺人才，必须加快新文科建设。文科教育的振兴关乎高等教育的振兴，做强文科教育能推动高教强国建设，加快实现教育现代化。

2022 年 7 月，"新文科建设高峰论坛 2022"在山东青岛隆重召开，论坛邀请了新文科领域的知名学者、业界专家围绕不同领域不同层面的新文科建设进行案例分享。其中山东大学外国语学院院长、党委副书记、翻译学院院长王俊菊以"新文科背景下多元外语人才培养模式创新"为题，分享了山大外语学科人才培养模式改革创新实践与成效，重点介绍了外国语学院构建的"分类培养和分层卓越"的外语人才培养体系，为新时期高校外语教育的创新发展提供了重要借鉴。

在新文科建设的大背景下，大学应根据社会发展需求，推动语言教育的创新与优化，突破学科界限，提升学生的语言素养，并在教育整合中推动英语教育步入新的发展阶段。各大学应重视新文科建设，以此为契机推进大学英语教学改革。

二、大学英语教学改革的要求

（一）重设人才培养目标

对于大学英语教学来说，改革的第一步就是对培养目标进行深度的思考和及时的更新。各大高校需要将英语教学从单一的应试导向转变为注重学生全面能力培养的素质教育，教学目标是培养出能够在不同文化背景下自如交流、具备创新思维和团队协作能力的综合型人才。因此高校要重视学生个性化发展，提倡以学生为中心的教育方式，关注他们的需求，激发他们学习的热情，帮助他们培养独立思考和问题解决的能力。

（二）优化和更新课程体系

随着新文科的不断发展，大学英语教学改革必须对其课程体系进行全面更新和优化，以适应时代的发展和社会的需求。这主要体现在各高校应该推动英语学科与其他专业学科的深度融合，创设与专业紧密相关、实用性强的英语课程，如专业领域的英语交流技能课程、学术英语阅读与写作等。引进跨学科的课程，如国际商务沟通、医学英语、法律英语等。同时，注重课程的开放性和选择性，使学生可以根据自己的兴趣和发展需要来选择合适的课程。

（三）革新教学方法

在大学英语教学改革中，教师角色的转变至关重要。传统的灌输式教学方法已经不再适应当前学生的学习需求和社会的发展趋势。因此，教师需要运用更为多样化和富有趣味性的教学方法，如任务驱动法、情景教学法等，激发学生的学习兴趣，提高他们的参与度。例如，通过情景模拟的教学方式，将真实的交流场景引入课堂，让学生在模拟的环境中运用英语进行沟通，这样不仅能够提升他们的语言运用能力，还能增强他们的沟通和协作能力。此外，教师还需要充分利用现代信息技术，如互联网、多媒体、虚拟现实等工具，丰富教学资源，创造一个真实且多样的学习环境。这些技术的运用可以使英语学习更加生动有趣，更贴近学生的生活实际，从而提高学习效果。

（四）推进差异化教育策略

面对不同背景和需求的学生群体，大学英语教学改革必须注重差异化的教育策略，实施个性化的教学计划。教师要深入了解每一位学生的学习特点、兴趣爱好和职业规划，从而提供更为贴合个人需求的指导和支持。在课程设计上，可以提供多样化的学习路径和选修课程，以满足不同水平和兴趣的学生。此外，教师还需关心学生的心理健康，帮助他们培养正确的学习态度和应对压力的能力，为其未来的成长奠定坚实的基础。

（五）深化教师团队建设

对于大学英语教学改革来说，建设一支高素质的教师团队是基础。这不仅包括加强对教师的常规培训，提升他们的专业能力和教学技巧，还涵盖了鼓励教师走出校园，参与更广泛的学术交流和国际合作，将外部的先进教育资源引入本校的教学中。对于教师个人发展而言，学校应当完善职业发展通道和激励机制，搭建平台以鼓励教师进行创新和研究，从而提升整个团队的凝聚力和战斗力，为大学英语教学改革提供坚实的师资力量。这样，学校不仅能够提升教学质量，还能增强其在国内外的学术影响力。

（六）完善教学评价体系

大学英语教学改革需要建立多元化、科学的评价体系，摒弃过度依赖单一的考试成绩的评价方式。首先，要重视学生的过程性评价，关注学生在课堂讨论、小组合作、自主学习等方面的表现，提倡形成性评价。其次，强调综合能力的培养，将跨文化交际能力、创新能力等作为评价学生的重要指标。此外，还应鼓励学生参加各类英语竞赛、实践活动等，将这些活动成果纳入综合评价体系，充分反映学生的实际水平和能力。

第三章 大学英语教学的文化转向

第一节 大学英语文化教学的概念

一、语言与文化的关系

语言和文化之间存在着密切的关系，它们互相影响，互相塑造。正如胡文仲先生在《文化与交际》一书中所强调的，语言不仅仅是一种沟通的工具，它还是文化的载体和表现形式。文化中包含了一个民族的历史、价值观、生活方式和思维方式等多个方面，这些文化元素在语言中得到了体现和传承。对于学习英语的人来说，了解和掌握英语不仅仅是学习语法规则和词汇，更是需要深入了解英美国家的文化背景。因为许多英语表达方式、习语和谚语等都植根于特定的文化土壤，没有对这些文化背景的了解，就很难准确理解和运用这些语言。

二、英语文化教学的起源与发展

英语文化教学源自跨文化教育，并随着其发展而不断演进。跨文化教育有着悠久的历史和广泛的实践，如国际旅游、留学交流等，都是跨文化教育的具体体现。这些交往和合作不仅推动了跨文化教育的发展，也为英语文化教学提供了丰富的实践资源和案例，有助于学生更加深刻地理解和运用语言，提升其跨文化交际能力。

跨文化教育作为一种重要的国际化思潮，最初在 20 世纪 90 年代初期形成，其产生和发展受到联合国教科文组织的极大推动。从 20 世纪 80 年代开始，联合国教科文组织就已经着手研究教育和文化之间的关系，并且探讨了教育如何对文化产生影响。这段时期的研究和探讨为跨文化教育的后续发展奠定了理论基础，并在此基础上推动了对跨文化教育的国际认可。到了 1990 年，跨文化教育的理念和实践获得了更加明确的界定和广泛的认同，不少国家和地区开始实施跨文化教育，并将其作为教育改革的重要方向之一。

联合国教科文组织在此期间通过举办各类活动和推广合适的教材，努力让孩子们了解并尊重不同的文化。联合国教科文组织在第 43 届教育大会上强调了教育对文化的巨大贡献，从而推动了跨文化教育在全球范围内的进步与发展。大会强调了人的全面发展的重要性，认为人与人之间的相互接触和交流是促进个体全面发展的关键。这与联合国教科文组织的核心目标紧密相关，即通过普及教育和传播文化来确保文化的独立性和多样性。此外，大会明确提出每个人都有权参与文化互动并享受文化生活，这强调了不同文化之间交往活动的重要性，旨在保护文化的多样性并凸显其独特特征。同时，大会对教育与文化的关系进行了明确的界定，强调教育对文化产生的影响，以及跨文化教育在促进对文化尊重和理解文化多样性方面的重要作用。

在跨文化教育的实施方面，第 43 届教育大会提出了一系列具体的指导原则和策略。大会对跨文化教育的内容和范围进行了详细的界定，不仅包括特定学科的内容，还将所有学科教育、学校媒体和学校系统等纳入其中。这表明学校应该成为一个与社会环境紧密结合的有效对话场所，以帮助学生逐渐拓宽他们的视野，特别是在文化方面。为了更好地实现这一目标，大会明确了跨文化教育的方法和策略，阐述了教育课程和内容的原则，并提出了构建跨文化教育质量标准的建议，以推动跨文化教育在全球范围内的发展。这一系列的指导原则和策略共同构成了一个全面的框架，为世界各国实施和推广跨文化教育提供了有力的支持和指导。

1994 年联合国教科文组织的第 44 届国际教育大会上，跨文化教育成为焦点话题，并且通过这次大会，跨文化教育的理念得到了进一步的深化和拓展。这次大会选择"国际理解教育的总结与展望"作为核心主题，此次会议强调教育政策的制定必须有助于人们、社会和文化之间的相互理解与包容。通过这样的相互理解和包容，教育将能够促进人们文化认知的提升和文化态度的正向发展，从而为和平和民主的文化价值观奠定基础。文件还明确指出，教育机构应该成为尊重和宽容人权，努力构建文化多元化的理想场所。这一系列的观点不仅为跨文化教育的实践提供了理论指导，也为其在全球范围内的推广奠定了坚实的基础。

随后的两年中，联合国教科文组织继续推进跨文化教育的发展，1996 年，他们发布了《国际理解教育——一个富有根基的理念》专题报告。这份报告进一步明确了对各国文化的理解是跨文化教育的重要目标，并为实现这一目标提出了具体的措施和方针。进入 21 世纪后，为了更好地推进跨文化教育，联合国教科文组织提出了一系列具体的政策和方案，并推动世界各国建立了相应的机构和组织，专门从事跨文化教育的推广和实践。这一系列的努力使得跨文化教育成为当代社会的一种普遍现象，对跨文化教育的重视已经成为国际社会的共识。跨文化教育不仅仅是一种教育模式，更是一种推动文化交流，促进世界和平与发展的重要途径。

三、大学英语文化教学的概念内涵

大学英语文化教学的核心在于提升学生对目标语言所代表的文化的理解和欣赏能力，实现语言学习与文化学习的深度融合。这种教学不仅仅注重语法、词汇和发音的传授，更强调通过语言来感知和体验文化，以实现语言能力和文化素养的双重提升。它要求学生不仅要掌握交际工具，更要深入了解语言背后的文化背景和语境，从而使他们能够更加灵活地运用语言，更加准确和生动地表达自己的思想和情感。通过对英语文化的深入学习，学生的视野将被极大地拓宽，跨文化交际能力得到增强，他们将能够更全面地认识和欣赏不同的文化价值观、思维方式和行为习惯，真正达到"用英语思考，用英语表达"的高度。

英语文化教学的另一个重要方面在于培养学生的全球视野和跨文化

沟通能力。在全球化的大背景下，对英语文化的理解和欣赏变得尤为重要，它不仅能够帮助学生更加有效地与不同文化背景的人沟通和协作，还将成为他们未来职业发展和国际交往的宝贵财富。这种文化教学符合社会对国际化人才的迫切需求，有助于学生更好地融入国际社会，更加自信和从容地面对跨文化交际中可能遇到的各种挑战。同时，它承担着传播本国文化的重要责任，教育学生在学习和理解外国文化的同时，要学会用外语传播和推广中华文化，让世界更加了解中国，增进与其他国家人民的友谊。通过比较学习和理解不同文化，学生能够更加明确自己的文化定位，更加自觉地保持对本国文化的忠诚和热爱，成为既有国际视野又有深厚爱国情怀的复合型人才。这种文化教学不仅仅是语言教学的延伸，更是一种文化自信和文化传播的有效途径，对于提升国家的软实力和国际影响力具有重要意义。

第二节　大学英语文化教学的内容

文化教学主要涉及三个核心内容：言语文化、非言语交际以及交际文化。这种分类不仅适用于分析不同语种的文化特点，同样适用于对同一文化不同层面的深入研究。在进行大学英语的教学活动中，教师需要有计划地进行两种文化的对比分析，通过这种方法，学生能够更为深刻地认识和了解文化差异，从而达到更好的学习效果。

一、言语文化

言语文化通常从三个方面来研究，即与语音相关的文化内容、与词汇相关的文化内容以及与语法相关的文化内容。

（一）与语音相关的文化

在大学英语文化教学中，与语音相关的文化内容是言语文化教学层面上的一个关键组成部分。作为言语交流的直接载体，语音内含丰富的文化信息，这些信息反映了讲话者的地域背景和社会身份。不同地区的方言和口音反映了该地区的历史、文化和社会变迁。这些方言和口音中的特定音素、语调和节奏，不仅仅是地理分布的结果，也是历史长河中人们社会交往和文化交流的产物。同样，在社会层面上，语音的使用与个体的社会地位、教育背景和职业身份紧密相关。不同社会阶层的人们在语音使用上展现出明显的差异，这些差异在一定程度上反映了社会的分层和个体在社会中的位置。

在地区差异方面，即便是使用相同语言的不同地区或国家，其发音方式和语音特点也会表现出显著差异。这些差异不仅仅限于单词的发音，还涉及语调、节奏和语音变化等多个方面。例如，加拿大英语和美国英语虽然相近，但在某些发音上存在明显区别，加拿大英语中存在"about"发作 [ə'baut] 的情况，而在美国英语中则发作 [ə'bawt]。这些细微的语音差异，对于揭示说话者的地理和文化背景，提供了重要线索。

在社会层面上，语音也是区分不同社会阶层和身份的重要标志。在英语国家中，不同的社会阶层和地位的人倾向于使用不同的语音特点。上层社会和受过高等教育的人通常使用更为标准和规范的语音，而普通百姓则更倾向于使用地方方言或带有地方色彩的语音。这种区别不仅体现在单词发音上，也体现在语句的语调和节奏上。例如，英语国家某些地区的上层社会可能倾向于使用更为缓慢、抑扬顿挫的语调，而普通百姓则可能使用更为快速、平稳的语调。

（二）与词汇相关的文化

在大学英语文化教学中，词汇作为语言结构的核心元素，与文化之间的关联十分紧密，每个词汇背后都蕴藏着特定文化的痕迹和深层次的文化含义。对于这些蕴含丰富文化内涵的词汇进行深入研究，对于语言学习者来说是极为重要的，它有助于学习者更全面、更深刻地理解和掌握语言。与饮食文化相关的词汇在中西方言语文化中具有深刻的内涵，这体现了中西方言语文化对食物描述和理解的巨大差异。在汉语文化中，"饺子"不仅仅是一种食物，它还承载着团圆和好运的寓意，尤其在春节期间，人们会特意制作和享用饺子，以期望来年的好运和幸福。而在英语文化中，"turkey"（火鸡）则与感恩节密切相关，代表了家庭团聚和感恩的情感。这些词汇背后的文化内涵是如此丰富，它们反映了两种截然不同的文化传统和价值观。

此外，对于一些看似简单的日常用语，不同文化背景下人们的理解也会大相径庭。例如，"家"，在英语中"home"强调的是家的温暖和舒适，是个人放松和休息的避风港；而在中文中，"家"不仅仅是一个居住的地方，它还蕴含着家族、亲情和责任等深刻内涵。

（三）与语法相关的文化

在大学英语教学中，将语法与文化相结合的教学方法对于学生更深刻地理解语法知识，提高其语言运用能力具有重要意义。语法不仅仅是一套规则的总结，它还深深地植根于特定的文化土壤中，反映了一种语言背后的文化特性和思维方式。从句子结构的角度来看，英语句子通常结构严谨，注重句子的形式和完整性，借助各种连接词汇来确保句子的连贯性。例如，在描述一个事件的多个方面时，英语常用并列或从属结构，使得句子虽长但结构清晰，层次分明。而汉语句子则更倾向于省略，通过上下文和逻辑关系来实现句子的连贯，结构更为简洁流畅。例如，"On campuses all across the United States, Americans who lectured and studied in China in the 1930s and 1940s today are invigorating our own intellectual life—none of them with greater distinction than Professor John King Fairbank, who honorred by joining my traveling party"。这个例句的英文虽然看起来很长，内含两个定语从句，但它实际上仍然是个简单句，主语是"Americans"，谓语是"are invigorating"。全句的特点是名词多、介词多、代词多（包括关系代词），围绕着主干结构进行层层搭架。

此外，语法的差异还反映在语句对时间和空间的表达上。在英语中，描述时间和地点时，通常是从小范围到大范围，即先具体再抽象；而在汉语中，则恰恰相反，通常是从大范围到小范围，即先抽象再具体。这种差异不仅体现在语言表达上，更是反映了中西方不同的思维方式和文化观念。西方文化倾向于分析，注重细节，强调个体的独立性；而东方文化则更注重整体，强调事物之间的联系，倾向于综合思考。

二、非言语交际

（一）副语言

在语言交流中，除言语表达外，还存在着一种隐含且富有表现力的交流方式，即副语言。副语言涵盖了声音的高低、节奏、强弱等元素，以及笑声、哭泣、叹气等非言语声音，甚至包括沉默。这些元素虽然不直接表达词义，却在交流中起着举足轻重的作用，传达着说话者的情感、态度和意图。

在大学英语文化教学中，对副语言文化的研究和教授显得尤为重要。学生不仅需要学习和理解英语语言本身，还需要了解和掌握使用这种语言时的副语言表达方式和文化背景。例如，英语中通过语音的升降来表达疑问，或者通过语调的变化来表达惊讶、怀疑等情感，这些都是副语言的体现。而对于英语学习者来说，正确理解和运用这些副语言元素，不仅能够提高其语言表达的准确性，还能增强交流的效果，更加真实地反映说话者的情感和态度。

此外，副语言还反映了文化差异。不同的文化背景下，人们在使用副语言时会有不同的习惯和规范。例如，某些文化中可能更倾向于使用高音调来表达热情和友好，而另一些文化则可能更倾向于低音调和平静的语调。因此，在大学英语文化教学中，教师应引导学生注意这些文化差异，帮助他们更好地理解和适应不同文化背景下的交流方式，从而提升其跨文化交际能力。

（二）体态语

体态语作为一种非言语的沟通方式，通过表情、动作和姿势传达了交流者的情感、态度和意图。在大学英语文化教学中，体态语文化的理解和掌握对于提高学生的跨文化交际能力具有重要意义。教师需要有针对性地将中西方体态语中不同的地方加以强调，让学生能更深刻地理解。

1.动作一样，意义不同

例如，在许多文化中，点头通常表示赞同或同意，而摇头则表示否定或不同意。但在一些南亚国家，如印度，人们摇头的方式却常常用来表达赞同或理解。因此，在跨文化交流时，理解并正确解读对方的体态语至关重要。

2.意义相同，动作不同

在中国，当人们想要叫别人过来时，他们通常会伸出手臂，手心向下，然后用几个手指反复弯曲，好像在向自己招手。这个动作在中华文化中是非常普遍和直观的，大多数人都能立刻理解其含义。然而，相比之下，美国人叫别人过来时通常会伸出手臂，手心向上，握拳，并反复弯曲食指。如果一个中国人使用他们习惯的"招手"手势去叫一个美国人，那么这个美国人可能会感到困惑，不知道对方是什么意思。

（三）环境语

环境语作为一种文化表达形式，无声无息地影响着人们的交流和行为。它涉及多个方面，如时间、空间、色彩、声音等，这些元素共同构建了一个能够传达特定文化信息的环境。

时间作为环境语中的一个重要元素，不同文化背景的人对它有着不同的理解和态度。在欧美文化中，时间被视为线性且单向的，人们相信在同一时刻应该专注于一件事情，这种观点形成了他们强调效率、严格遵守时间表并注重短期成果的行为习惯。他们将时间物化，认为它是有限且宝贵的资源，这也体现了"时间就是金钱"这一著名的观念。而在中国传统文化中，时间被认为是由许多独立的时刻组成的，这使得人们相信他们能够在同一时间段内处理多个任务。这种观点反映在他们较为灵活的时间安排和对短期成果的相对不重视上。在这样的文化背景下，人们更注重人际关系，而非时间效率。理解这些文化差异对于跨文化交流至关重要。无论是学术环境还是商务场合，认识和尊重对方的时间观念都能够帮助彼此减少误解，建立更为融洽的关系。

三、交际文化

交际文化是指在社会交往过程中形成的一套言语和非言语沟通的规

范和习惯，它涵盖了广泛的领域，包括如何恰当地使用称谓、进行问候和告别、表达感谢和回应赞美等。这些元素共同构成了一个社区的交际风格和礼仪，是文化传递和人际关系维护的重要工具。在大学英语文化教学中，对交际文化的深入探讨有助于学生更好地理解和应对不同文化背景下的交际场景。

（一）称谓表达文化

称谓表达文化是语言文化中一个重要的方面，它反映了一个社会的文化特点和人际关系的复杂性。在中西方文化中，称谓语的使用展现了各自独特的社会结构和价值观。

在中国文化中，称谓语是体现社会等级和人际关系的重要手段。通过使用不同的称呼语，如"头衔"和"敬辞"，人们可以表达对对方社会地位的认识和尊重。这种对等级和身份的强调体现了中国社会的等级观念和尊老爱幼的传统价值。在汉语中，称谓语系统极为复杂，不仅有"他称"和"自称"的区分，还有丰富的对称范畴表达形式，体现了中华文化的博大精深。例如，"他"和"她"分别用于男性和女性，但如果是长者或者地位较高的人，即使在谈论他们时也会使用更为尊敬的词语，如"老先生""老师傅"等。相比之下，西方社会的称谓表达文化则更加倾向于体现平等和亲密。人们通常习惯直接呼唤对方的名字，通过这种直呼其名的方式来表达一种平等、友好的态度。尽管在西方文化中也存在着尊称和谦称，但它们的使用频率和复杂度要远低于汉语。英语中的敬称如"Sir、Madam、Mr、Ms"等，虽然体现了对对方的尊重，但却不像汉语中的称呼那样强调社会等级和身份。

（二）问候表达文化

问候表达作为一种常见的社交工具，其表达方式和内涵在不同文化中有着显著的差异。在中华文化中，问候表达往往表现得具体而细致，反映出中国人注重日常生活细节和关心他人福祉的文化特点。中国人在见面时常常会询问对方的生活状态、健康情况或是近期的行踪，例如，"你吃饭了吗？"或"最近忙什么呢？"这样的问候语虽然看似简单，但实际上蕴含着深厚的人情味和关心之情，是维系人际关系的重要纽带。

相比之下，英美文化中的问候表达则显得更为简洁和直接。常见的问候表达如"Hello""Hi"或"How are you？"并不期待对方给出详细的回答。这种问候方式反映了西方文化中重视个体独立性和尊重私人空间的价值观。这样的问候表达文化在一定程度上减少了社交的复杂性，使得人际交往更加简便和高效。

（三）致谢表达文化

致谢表达文化是人类语言交流中不可或缺的一部分，其所包含的语言表达和文化内涵在不同文化背景下呈现出独特的形式。在英语文化中，答谢语通常简洁明了，其主要功能是直接表达感谢之情，强调礼貌和尊重。常见的英语答谢语如"Not at all""Don't mention it""You are welcome"和"It's my pleasure"都传达了一种乐于助人的态度，同时体现了西方文化中对平等、直接交流的重视。

相对而言，汉语文化中的答谢语则显得更加丰富和复杂。在中文中，答谢语不仅仅是对别人帮助的直接回应，更是一种维护和谐人际关系、表达谦虚和礼貌的重要方式。常见的汉语答谢语如"不用谢""别客气"和"没什么"等，虽然表面上是在回应别人的感谢，但在深层次上，这些表达方式实际上也蕴含了中华文化中对谦虚、低调的态度的重视。然而，在跨文化交流中，这些文化背景下形成的答谢表达方式可能会给人带来理解和沟通的难题。如前所述，汉语中表达责任和义务的答谢语在直译成英语后，其语用意义可能会发生扭曲，使得听者感到不适或困惑。这就要求在进行跨文化交流时，双方都需要有较强的文化敏感性和语用意识，能够正确解读对方的话语，避免可能的误解和沟通障碍。

第三节 大学英语文化教学的意义

一、提高外语学习的实效性

文化与语言是密不可分的,了解一个国家的文化有助于更准确、深入地理解和运用该国语言。在大学英语教学中,将文化教学融入语言学习不仅可以帮助学生掌握语法规则和词汇,还能让学生了解这些语言表达背后的文化内涵和社会习惯。对文化背景的了解将使学生在运用英语进行交流时更加得心应手,能更准确地把握语言的微妙之处,避免可能因文化差异导致的误解。此外,通过文化教学,英语学习变得更加有趣,学生的学习兴趣和动力增强,他们的自学能力和创新精神也不断加强。总体来说,文化教学的融入有助于提高英语教学的实效性,使学生能够更全面、更深入地掌握英语知识。

二、开阔学生的国际视野

在经济全球化的时代背景下,具备国际视野的人才更能适应社会发展的需要。大学英语文化教学不仅仅是对语言的教学,更是一种文化和思维方式的传播。通过学习英语国家的历史、文化、社会习惯等内容,学生能够跳出自己的文化圈,从更宽广的角度看世界,理解不同文化之间的差异和联系。这种对不同文化的理解和尊重能够促使学生形成开放包容的心态,增强他们在国际交流中的沟通能力和适应能力。同时,学生通过对世界各国文化的了解,能够更好地认识到自己民族文化的独特之处,从而增强民族自豪感和文化自信。在未来的职业发展中,这种国际视野和文化素养将成为学生宝贵的财富,助力他们在全球化竞争中脱颖而出。

三、培养学生的全球公民意识

全球公民意识是指个体对全球共同体的认同感和责任感，认识到自己的行为和决策不仅对本国有影响，也对世界其他地区产生影响。具有全球公民意识的人能够超越本土视角，理解和尊重不同文化和背景的人，具有跨文化交流和合作的能力。他们意识到全球问题如气候变化、贫困、疾病和冲突的复杂性，并积极参与寻找解决方案，致力构建一个更加公正、可持续的世界。全球公民意识要求个体有批判性思维能力，能够分析信息，辨别事实与观点，做出基于道德和价值观的决策。此外，全球公民还需要有同理心，能够从他人的视角看问题，理解他人的需求和观点。

大学英语文化教学在培养学生全球公民意识方面具有重要意义。通过学习不同文化的语言和表达方式，学生能够更好地理解和尊重不同文化的价值观和习俗，建立跨文化交流和理解的桥梁。在教学过程中，教师可以引导学生关注全球热点问题，鼓励他们从多元文化的视角思考问题，培养他们的国际视野和全球责任感。此外，通过文化教学，学生能够认识到语言和文化的多样性，学会尊重差异，培养包容的心态。这不仅有助于学生在未来的职业生涯中适应多元文化的工作环境，也有助于他们成为有社会责任感的全球公民，为推动社会进步和构建和谐国际社会贡献自己的力量。

四、提高学生的跨文化交际能力

跨文化交际能力是指个体在与不同文化背景的人进行交流时，能够有效地理解和传递信息，以及正确解读对方行为和意图的能力。这种能力不仅包括语言能力，还包括对不同文化特征、价值观、习俗和沟通风格的理解和尊重。具备跨文化交际能力的人能够避免文化冲突和误解，促进不同文化背景的人之间的相互理解和尊重。这种能力对于现代社会的个体来说极为重要，因为全球化趋势使得跨文化交流变得越来越频繁。跨文化交际能力的关键要素包括跨文化意识、跨文化敏感性、跨文化适应能力和跨文化沟通策略。跨文化意识是指认识到文化差异的存在以及这些差异可能对交流产生的影响。跨文化敏感性是指对不同文化表现形式的敏锐感知和尊重。跨文化适应能力是指在不同文化环境中灵活应变，保持有效沟通的能力。跨文化沟通策略是指运用恰当的交际方法，以减少文化差异带来的障碍，实现有效沟通的能力。

大学英语文化教学对于提高学生的跨文化交际能力具有重要作用。通过学习不同国家和地区的语言和文化，学生能够更好地理解不同文化背景下的沟通方式和思维方式，培养他们的跨文化意识和敏感性。在英语文化教学中，教师可以引入各种跨文化交流的真实情境，让学生在模拟的交流活动中学习如何运用恰当的语言和沟通策略，提高他们的跨文化适应能力和沟通能力。此外，英语文化教学还强调批判性思维的培养，教师鼓励学生对文化差异持开放态度，学会从多元文化的视角看待问题，培养他们的全球视野和国际理解能力。这些教学活动不仅提高了学生的语言能力，更重要的是，它们有助于学生形成跨文化交际能力，为他们未来在多元文化环境中工作和生活打下坚实基础。

五、增进对本民族文化的了解和自豪感

在当前经济全球化的时代背景下，文化交流日益频繁，不同文化的相互影响和融合成为一种常态。在这样的环境中，增强对本民族文化的了解和自豪感显得尤为重要。大学英语文化教学为学生提供了一个独特的视角，让他们能够在学习外语的同时，对比不同文化之间的差异和共通之处。这种对比不仅能帮助学生更深入地认识到本民族文化的独特价值和魅力，还能够激发他们对自身文化的热爱和自豪感。

通过对不同文化的学习和比较，学生能够更加全面客观地看待自己的文化，认识到其在世界文化多样性中的地位和作用。这不仅有助于培养他们的文化自信，还能促使他们更加积极地参与文化保护和传承的工作，为推动本民族文化的创新和发展做出贡献。同时，这种深刻的文化认识将促使学生形成开放包容的文化心态，使他们能够更加尊重和欣赏不同文化的价值，为构建和谐的国际社会贡献力量。在这个意义上，大学英语文化教学不仅是语言教育的一部分，更是民族文化教育和国际文

化交流的重要平台，对于培养具有全球视野和文化自信的新一代具有深远的意义。

第四节　大学英语文化教学的原则

确立文化教学的原则是为了有计划、有目的和有层次地将语言和非语言所承载的文化内容纳入英语教学总的体系中去，使传授语言与介绍文化同时在一个层面上展开，以达到语言学得和习得与文化学得和习得的一致性，从而帮助学生有效克服因文化差异而容易发生的跨文化交际障碍。据此，本书认为，在大学外语教学阶段，对文化内容的导入必须遵循以下几个原则，如图 3-1 所示。

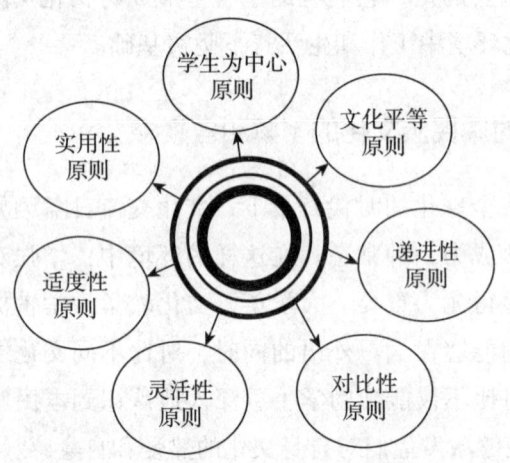

图 3-1　大学英语文化教学的原则

一、学生为中心原则

在大学英语教学中，将学生置于教学活动的中心地位，同时由教师进行引导和管理，是一项基本的指导原则，尤其是在英语文化教学领域。过去的教学方式通常以教师的兴趣和计划为主导，缺乏系统性，并且无法充分满足学生的学习需求。在新的教学环境下，教学的重心应转向以学生为中心，将"教文化"的教学重心转变为"学文化"的学习重心。然而，以学生为中心并不代表教师在教学过程中失去了主导地位，教师的角色应从单一的文化知识传授者转变为在语言文化教学中担任多重角色的导师。在文化学习的过程中，教师需要扮演包括设计课程、提供文化知识、引导文化理解、训练文化行为和促进跨文化交流等多重角色。

二、文化平等原则

进行英语文化教学时，教师需遵守文化平等的原则。因为全世界各民族的文化都是在特定的地理和历史条件下，经过长时间的积累和传承形成的，它们各有特点，不存在优劣之分。作为中华民族的一员，人们在面对西方文化时，不应傲慢，也不应自卑，而应保持一种平等和尊重的态度。通过相互学习和尊重，不同的国家和民族能够实现共同发展，相互促进。跨文化交际的核心在于在平等的基础上进行交流，不改变自我，了解对方。因此，在进行跨文化交际时，教师应教导学生不能用本民族的标准来评判其他文化，而应该用一种平等的心态去学习对方文化的优秀之处，并学会用英语向外界介绍和传播中华民族的优秀传统文化。

三、递进性原则

英语文化教学是一个分阶段且具有不同层次的过程，其教学方法应遵守由浅入深的原则。这意味着教师在教授英语文化的过程中，需要依据学生的语言水平、认知能力和理解水平来选择合适的文化教学内容，并按照从易到难、从具体到抽象、从表象到深层的顺序展开教学活动。这种教学原则在许多学者的研究和论述中都得到了印证和支持。

学者林汝昌曾提出，外语教学应该包含语言的结构层面、语言结构所蕴含的文化层面和语言的实用文化层面三个层次，并且强调这三个层次是一个密不可分的整体，虽然在实际教学中可能会有所侧重，但在不同的教学阶段，应该引入不同层次的文化教学内容，确保教学的循序渐进。①

学者曹文则从另一个角度出发，认为文化教学包含两个层次：文化知识层和文化理解层，以及连接这两者的文化意识教育。他解释说，文化知识层培养的是具备观察和了解外语文化的基础能力的学习者，而文化理解层则旨在培养学生具备参与跨文化交际的能力。他还强调，文化教学应从传授文化知识入手，通过文化意识的教育，最终达到文化理解的层面。②

学者王开玉认为，文化教育具有阶段性，因此将其划分为文化知识层次的教学和文化理解层次的教学。在他看来，文化知识层次的教学主要是传授背景知识，这些知识虽然不直接影响交际，但为学习者提供了文化的基本了解。文化理解层次的教学则主要是传授与交际直接相关的背景知识和文化模式，帮助学生更好地进行跨文化交际。③

四、对比性原则

对比性原则在英语文化教学中发挥着关键作用，它指引教师引导学生进行英美等英语国家文化与本土文化的深刻对比，通过这种对比分析，学生能够更加明显地发现中西文化之间的不同之处。

通过这种方法，学生不仅能够更加全面地认识和理解英语国家的文化特点，还能够认识不同文化在价值观念、思维方式、审美趣味等多个方面存在的差异。这种认识的提升一方面有助于防止学生形成种族中心主义的观念，另一方面能够有效提高他们的文化理解和跨文化交际能力。对比分析的方法不仅能促使学生对不同文化有更深刻的理解，还能帮助

---

① 林汝昌. 外语教学的三个层次与文化导入的三个层次 [J]. 外语教学，1997（1）：96.

② 曹文. 英语文化教学的两个层次 [J]. 外语教学与研究，1998（3）：12-16，82.

③ 王开玉. 走出语言系统：由"外"向"内"：以跨文化教育为主导的大学英语教学探讨 [J]. 外语与外语教学，2003（12）：22-24.

他们避免在跨文化交流中出现不适当的文化行为，避免用自己文化的标准去评判其他文化，同时能避免将本土文化的特点和习惯带入其他文化环境中。

通过这种对比学习，学生能够学会如何区分不同文化之间的差异，提高他们识别和接受不同文化的能力，避免盲目接受目标文化，从而增强他们的跨文化交流能力。实际上，缺乏对文化差异的充分认识和理解是导致学生在文化学习中出现错误的主要原因，他们往往只关注文化的相似之处，忽视了文化之间的差异，这种状况通过对比性原则的运用可以得到有效改善和解决。

五、灵活性原则

在文化教学领域，虽然学生能够相对容易地理解文化知识，但是要使他们在跨文化交流的实际场景中熟练运用这些文化知识，却是一项较为复杂的任务。为了实现更加卓越的文化教学效果，高效培养学生的跨文化交流能力，教师需要根据不同学生的具体情况，遵循多样化的教学需求，采用灵活多变的教学策略。这样做旨在激发学生对学习文化知识的热情，提高他们的学习积极性。例如，教师可以运用多种教学方法，如开设文化专题讲座、组织小组研讨、实施角色扮演等活动，引导学生深入探索和学习文化知识。通过这些丰富多样的教学活动，学生能够在实践中不断提升自己的文化理解和运用能力，从而在跨文化交流中游刃有余。

文化的内涵是广泛而复杂的，而教师在课堂上的讲解时间和内容都是有限的。因此，将文化教学的范围扩展到课堂之外，实现课内外教学的有机结合，对于增强学生的实际运用能力至关重要。在这方面，教师可以引导学生参与读书会、英语角、英语晚会等各类实践活动，以此来丰富学生的文化知识储备，确保学生在语言知识掌握和文化理解能力上同步提升。通过参与这些活动，学生不仅能够学会运用准确的语法结构和恰当的词义进行外语交流，还能够提高信息获取的准确性，减少交流误解，从而促进彼此间的相互理解与沟通。通过这样全面且实际的学习过程，学生的语言技能和文化能力将得到均衡且稳固的提升。

六、适度性原则

适度性原则强调教师在进行文化教学时，选择和运用教学方法和教学材料需保持适当的平衡。在教学方法方面，教师需要创设环境和机会，引导学生积极投入探索和研究式的学习，从而促进他们对文化知识的深入理解。与此同时，教学材料的选择也应体现出适度性，确保所用材料能够反映主流文化和普遍性文化，而非局限于某个特定或非典型的文化现象。整体来看，文化教学中的"适度"意味着教师需要根据教学任务和目标的具体要求，有选择性地传授给学生必要的文化知识，而不是超越学生接受能力的盲目"灌输"。

适度性原则还体现在教师对文化教学时间的合理分配上，要确保文化教学不会过度占据宝贵的课堂时间。文化教学应以消除当前文化障碍为主要目标，同时培养学生克服未来可能遇到的类似障碍的能力。当文化障碍出现时，教师应根据具体情境进行必要的文化背景介绍，同时，适当扩展文化知识的传授范围，以帮助学生未来更好地跨越文化障碍。此外，教师还应控制文化教学内容的深度和广度，做到简洁明了，既不过分详细也不过于简略，确保教学内容既充实又高效，真正实现教学的最优效果。

七、实用性原则

文化内容的多样性和丰富性涵盖了社会生活的方方面面。然而，在英语教学中，由于种种客观条件的制约，教师面临着无法全面介绍英语文化的挑战。因此，教师必须根据学习者的特点、日常沟通需求等具体情况，谨慎选择适当的文化内容进行教学。这就意味着，在英语文化教学的实践中，教师需要秉持实用性原则，将重点放在与学生学习内容紧密相关、与日常沟通需求直接相关，以及与跨文化交际能力培养密切相关的文化内容上。例如，针对国际贸易专业的学生，教师可以更多地介绍与贸易相关的文化常识和沟通技巧。

在教学实践中，实用性原则的运用可以有效避免学生对语言和文化关系的认知陷入抽象和空洞的困境。将文化教学与语言交际实践紧密结合，不仅可以激发学生对语言和文化学习的兴趣，还能够帮助学生将所学知识转化为实际交际能力。文化教学内容的选择应注重其广泛性和代表性，确保所教授的文化知识能够代表英语国家的主流文化，而无需追求面面俱到的完备性。通过这样的教学策略，学生能够更好地把握语言与文化的内在联系，提升其跨文化交际的能力，并在实际交际中灵活运用所学知识，展现出卓越的交际技巧。这不仅对学生个人的语言能力提升有着积极影响，也为他们将来在国际舞台上更好地发挥自己的能力打下了坚实的基础。

第五节　大学英语文化教学的方法

一、直接导入法

直接导入法是一种在语言教学中将文化背景知识直接呈现给学生的教学策略。这种方法简单直观，特别适用于大学阶段的文化教学。对于大学生而言，课堂仍然是他们主要学习英语和了解英语国家文化的场所，因为他们平日里能够接触到的英语实际应用环境相对有限。当教师在教学中直接引入与课文内容相关的文化背景知识时，学生可以更快地抓住文化教学的要点，更好地理解课文内容。例如，教师在讲解一篇描述英国传统婚礼的文章时，可以直接向学生介绍英国婚礼的习俗和文化背景，帮助学生构建起对英国文化的整体认识。

为了使直接导入法在文化教学中发挥更大的作用，教师在备课时需要精心挑选与教学内容紧密相关且具有代表性的文化资料，将其巧妙地融入课堂教学。这样的教学方式，不仅能够丰富学生的文化知识储备，增强课堂教学的吸引力，还能深化学生对学习内容的理解，拓宽他们的文化视野。同时，这种生动有趣的教学方法能够激发学生的学习兴趣，创造一个活跃的课堂氛围，为教师和学生之间的互动提供良好的平台，从而有助于提高大学英语文化教学的效果。

二、文化旁白法

文化旁白作为一种高效且便捷的教学方式，在大学英语文化教学中发挥着重要作用。它指的是教师在进行英语教学的同时，对课文中涉及的文化背景知识进行即时的解释和讨论。这种方式有助于学生在学习语言的过程中同步了解和吸收相关的文化知识，提高他们的跨文化交际能力。例如，在分析一篇描写美国节日庆典的文章时，教师可以边讲解边加入关于该节日的历史背景和传统习俗的描述，帮助学生更全面地理解文中的内容。文化旁白不仅限于口头解释，也可以通过展示相关图片、视频或实物来进行，使得文化教学更为直观和生动。

大学阶段的学生通常已具备一定的语言基础，但在理解涉及深层文化背景的材料时仍可能遇到障碍。文化旁白法正好弥补了这一缺陷，其通过即时的文化输入，帮助学生克服由于文化差异带来的理解难题，提高他们的阅读和听力理解能力。教师在运用文化旁白法时，需要具备丰富的文化背景知识和灵活的教学技巧，能够根据学生的实际需求和文化教学的目标，选择恰当的时机和内容进行文化旁白。这种教学方式不仅使课堂教学更加富有趣味性和实用性，还能够激发学生的学习兴趣，培养他们的文化意识和跨文化交际能力，从而为他们未来在国际交流中取得成功打下坚实的基础。

三、实物展示法

图片和实物展示在大学文化教学中起着至关重要的作用，它通过直观的材料帮助学生深入了解和感知特定的文化现象。当教学内容涉及具有浓厚文化特色的词汇或概念时，如"hamburger""pudding""sandwich"和"salad"等西方特有的食品，中国的学生可能会感到陌生甚至困惑。教师可以运用图片或者实物进行直观生动的介绍，让学生能够直接看到这些食品的外观、成分和制作方式，从而在感性认识的基础上，更准确地理解和记忆这些词汇。这种方法不仅限于食品类的文化现象，还可以扩展到服饰、艺术品、建筑等多个领域，让学生能够通过眼睛观看、用手触摸来体验文化的独特魅力。

此外，实物展示法也是解释中西文化习惯差异的有效手段。例如，当讲解英美信件格式和书写规范时，教师可以带来一封来自英美国家的真实信件，展示信封的设计、邮戳的样式和信件的排版格式。这种亲身体验的方式，不仅能够帮助学生形成直观的记忆，还能提高他们运用这些知识进行实际交流的能力。通过这种教学方法，学生能够在直观的体验中，深入了解文化背后的历史、习俗和价值观，进而培养他们的文化敏感度和跨文化交际能力。这对于他们将来在国际化环境中更加自如的沟通和交流是极为有益的。

四、直接体验法

在大学阶段，将体验法运用于文化教学中被认为是一种高效的教学策略，它助力于学生对外国文化的深刻理解和亲身体验，进一步促进了其跨文化交际能力的提升。体验法主要可分为两大类：直接体验和间接体验。对于直接体验来说，这通常意味着学生将被直接置入一个外国文化的环境之中，这可以通过各种方式来实现，如深入阅读有关外国文化的文献、与外国人直接对话或是观赏外国电影等。这种做法不仅能够让学生在实际的交流中提升他们的跨文化交际能力，还能让他们直接从源头上获取关于外国文化的知识和信息，为他们将来在国际舞台上的展示和交流提供了坚实的基础。

例如，大学可以组织学生参加国际交流项目，或者邀请外国专家来校举办讲座和研讨。通过这种直接接触外国文化的方式，学生能够更加直观地理解外国人的思维方式和生活习惯，从而在实际的交流中更加得心应手。同时，这种直接体验的方式能够激发学生对外国文化的兴趣和好奇心，促使他们主动去探索和学习新的文化知识，这对于培养他们终身学习的能力和开阔他们的国际视野都具有重要的意义。

五、间接体验法

在大学文化教学的环境中，间接体验法扮演着一种更加隐秘但同样重要的角色。这种方法通常是将文化的元素和知识渗入日常的语言教学活动中，使学生在不自觉的情况下接触并学习外国文化。这种教学策略对学生的语言水平要求并不高，因而特别适合那些初学者或者语言基础不太牢固的学生。通过间接体验的方式，学生可以在轻松愉快的学习氛围中，逐步建立起对不同文化的认识和理解，从而逐渐培养出一种包容并尊重多元文化的态度。为了达到这一目标，大学教师需要设计一系列富有创意且与学生生活紧密相关的教学活动，如角色扮演、情景模拟、文化小研究等，以激发学生的学习兴趣，引导他们主动探索和理解外国文化。

在具体实施间接体验法的过程中，教师可结合多种教学资源和手段，如使用外国文化背景的音频、视频材料，或者通过网络平台让学生观看外国电影、参与国际论坛等，这些都是非常有效的方法。例如，教师可以选取一部反映美国家庭文化的电影，让学生在观看的过程中注意观察和分析其中的文化元素，课后进行讨论和分享。通过这种方式，学生不仅能够在视觉和听觉上直观地感受到外国文化的独特魅力，还能够在实际操作中提升他们的文化分析能力和批判性思维能力。总体来说，间接体验法作为一种文化教学的有效手段，通过将文化知识巧妙地融入语言教学，极大地丰富了学生的学习体验，有助于他们全面而深刻地理解外国文化，为其未来的学术和职业发展打下坚实的基础。

六、文化讨论法

文化讨论法作为一种创新的教学策略，在大学英语文化教学中发挥着举足轻重的作用。通过组织学生参与有序、深入的讨论，这种方法能够极大地激活课堂氛围，引发学生对英美文化的浓厚兴趣。在这个过程中，学生不仅仅是被动接受知识的容器，更是积极参与、主动探索的学习者。他们在讨论中学会了如何提出问题、如何辩论、如何表达自己的观点，这些技能对于他们未来的学术和职业生涯都是极为宝贵的财富。此外，文化讨论法还注重培养学生的跨文化交际能力，通过对比分析不同文化中的异同，学生能更加深刻地理解和尊重文化的多样性。这不仅有助于提升他们的语言运用能力，也使他们在全球化背景下更具竞争力。除此之外，文化讨论法还极大地丰富了大学英语教学的内容和形式，使得语言学习不再局限于课本和语法，而是变得更加生动、有趣。教师可以利用多种媒体资源，如视频、音频、图片等，将真实、丰富的文化元素引入课堂，让学生在亲身体验和互动中学习语言，提高他们的文化敏感性和语言运用能力。

在实际应用文化讨论法的过程中，教师的角色和方法至关重要。教师需要精心设计讨论主题和问题，确保它们既有深度，又能激发学生的兴趣。在讨论过程中，教师应该充当引导者和监督者的角色，适时提供必要的支持和指导，确保讨论沿着正确的方向进行。同时，教师需要关注每个学生的参与情况，鼓励沉默寡言的学生发言，确保每个学生都能在讨论中找到自己的位置并获得成长。通过这种方式，文化讨论法不仅能够有效提高学生的语言运用能力和文化素养，还能培养他们的批判性思维能力和团队协作精神。学生在讨论中不仅仅能获取文化知识，还能进行分析、判断、归纳和总结，这些思维活动有助于锻炼他们的思考能力，提升他们解决问题的能力。与此同时，文化讨论法所倡导的集体讨论模式也为学生提供了一个展示自己、与他人合作的平台。在这个过程中，学生学会了如何倾听他人的意见，如何表达自己的观点，如何与他人协作达成共识，这些都是现代社会不可或缺的重要技能。例如，在讲解西方饮食文化，教师可先为学生提供一篇介绍西方饮食文化的材料，组织学生就材料的内容进行介绍和讨论，然后让学生就中西方饮食文化进行对比、分析、讨论。

第四章 文化自信背景下大学英语基础教学的改革与发展

第一节 文化自信背景下大学英语词汇教学的改革与发展

一、词汇教学的内涵与意义

英语词汇教学不仅仅是单纯地帮助学生记忆单词，词汇教学的内涵丰富，意义重大，关系到学生英语水平的整体提升。

词汇是搭建语言交流桥梁的重要基石。无论是日常对话，还是学术交流，词汇都扮演着不可或缺的角色。学生如果拥有充足的词汇量，就能更好地理解他人的表达，并且能够更加流利、准确地传达自己的思想和观点。在这个过程中，词汇成为连接思维与表达、理解与交流的关键。因此，通过各种有效的教学方法，帮助学生扩展他们的词汇量，对于提升他们的语言运用能力和交际能力具有至关重要的作用。

对于学生来说，深刻理解词汇的多样性和灵活性对于提升语言运用的精准度和表达的丰富性具有重大意义。词汇并非固定不变，它可以根据不同的语境展现出不同的含义和用法。通过日复一日的词汇教学实践，学生能够在教师的引导下掌握这些细微差别，从而能够在实际应用中更加得心应手。通过对词汇的深入学习和运用，学生的语言表达将变得更加生动、准确，能够更好地反映他们的思想和情感。词汇教学的过程实际上也是对学生整体语言知识的系统复习和巩固。在接触新词汇的同时，学生会接触与其相关的语法、发音、拼写等知识点，这无疑加深了他们对英语整体知识的理解。这种综合性的教学方式不仅提高了学生对单个词汇的记忆，更加强了他们对整个语言系统的把握，为他们未来的英语学习打下了坚实的基础。

二、文化自信背景下英语词汇教学改革的必要性

（一）英语词汇教学问题分析

大学英语词汇教学存在一系列困难和挑战，这些挑战影响了教学的效率和效果。其中教学活动设计依赖于简单记忆技巧，忽略了学生积极参与和语境化学习的重要性。这种做法未能充分利用认知心理学原理中的重复间隔和联想记忆来支持学习者更有效地记忆和理解新词汇。同时缺乏以学生为中心的教学策略，如情景模拟策略导致学习过程单调，难以激发学生的内在学习动机和兴趣，使得学生参与度不足，难以将所学词汇长期保持和有效应用于实际语言交际中。从学生角度出发，过度强调记忆而忽视思维能力和逻辑构建培养的方法能在短期内帮助学生记忆大量单词，但由于这些单词的记忆没有真实的语境作为支撑，学生的记忆效果持续性较短。

（二）英语词汇教学中的文化因素

语言是文化的载体，文化影响着语言，二者密切相关。不同民族的文化有着区别于其他民族文化的特色，而这种差异也会在语言中表现出来，并对语言起着重要的影响作用。就英汉民族而言，二者有着不同的历史文化、生活环境等，由此产生的文化差异会对学生掌握英语词汇产生一定的影响。了解英汉文化差异及其对英语词汇教学产生的影响，可使教师和学生充分了解文化因素的重要性，进而有意识地进行文化教学和文化学习。

1. 文化缺位

在英语词汇教学中，文化缺位是一个值得关注的现象，它指的是在不同文化之间由于背景知识的差异而导致的理解和认知空白。文化缺位会对语言学习者造成影响，特别是在学习具有强烈文化色彩的英语词汇时。此现象的出现主要是因为学习者在面对外来文化的语言材料时，常常依赖于自己的文化经验进行解释和理解，而这些经验在新的文化语境中并不总是适用或准确。

不理解性是文化缺位的一个显著特征，它表现为学习者对于特定文化背景下的词汇或表达缺乏深入的理解。例如，英语中的"homecoming"一词，直译为"回家"，但在美国文化中，它常常指代一年一度的校园庆典活动，包含了丰富的社会和情感内涵，这是单纯从字面上难以领会的。文化缺位的第二个特点是不习惯性，它涉及习惯用法和表达方式的差异。以英语中的"break a leg"为例，如果直译为"折断一条腿"，则会使得英语学习者感到困惑，因为在中华文化中，这通常被看作是一种不吉利的表达。然而，在英语文化中，这是一种常用的表达方式，用于祝愿他人好运，尤其是在表演艺术领域。陌生性则是文化缺位的第三个特点，它描述的是学习者对于目标语言中某些特定修辞手法或表达习惯的不熟悉。例如，英语中的"raining cats and dogs"表达了降雨的强烈程度，但这样的比喻在其他文化中可能并不常见，因此对英语学习者来说可能是新奇的。误读性是文化缺位的又一特点，误读性是指在文化交流中易于发生的误解现象。不同文化间的误读很可能是由于学习者直接将自身的文化逻辑和意义强加于对方文化的特定词汇或习语之上而产生的。例如，在西方文化中，"cold turkey"通常指突然且完全地停止某种成瘾行为，这一习语如果没有相关文化背景知识，很容易被误解为"寒冷的火鸡"。而实际上，它源自戒断药物依赖时的身体反应，这种文化上的误读可能会对学习者理解英语词汇和短语造成障碍。

2. 文化错位

在英语词汇教学中，文化错位是一个关键的跨文化现象，它涉及在不同文化之间对于相同或相似事物的理解和解释的偏差。产生文化错位的原因在于每个文化圈都有其独特的认知体系和价值观。每种文化都有其独特的历史、语言、传统、习俗、价值观念和思维方式,当这些拥有不同文化背景的人相遇时,由于彼此的不了解,往往会导致认知上的错位。

语言本身就是文化的一部分,它反映了一个社会的文化实践和认知结构。不同语言中词汇的含义往往深受其文化背景的影响,因而在翻译或解释时容易出现文化错位。语言中的某些词汇、成语或习语可能在其原始文化中有明确的含义和背景故事,但在其他文化中可能没有直接的对应概念,导致人们在跨文化交流时出现理解上的偏差。认知框架的差异也是导致文化错位的重要原因。人们基于自己的文化背景形成了一套解释世界的框架,包括思维习惯、评价标准和行为模式。当面对其他文化的概念时,人们往往无意识地用自己的认知框架去解释,而不是试图以原文化的视角去理解。这种基于本文化认知框架的解读很可能与原意不符,造成错位。社会构成要素的不同也会引起文化错位。不同社会的政治体系、宗教信仰、经济结构、教育体系等方面的差异都会在人们的语言使用和理解中留下独特的印记。当这些构成要素在跨文化交流中互相接触时,由于缺乏相应的背景知识,人们可能无法准确地把握和理解不同文化中的语言表达。下面本书将具体分析文化错位的几种类型。

(1)指称错位。在英语词汇教学中,文化因素对词汇的理解和使用具有显著影响。指称错位是跨文化交流中常见的现象,它涉及不同文化背景下词汇指向的不一致性。这种错位源于对同一概念的不同理解以及表达方式的差异。以下是对指称错位的分类的详细论述。

其一,语义错位。即使词汇在字面上看似对等,不同文化中的深层含义可能截然不同。这种差异可能源于历史背景、社会习俗、宗教信仰或者是对自然环境的不同理解等多方面因素。教师在教学中应重视这种语义上的深层差异,引导学生不仅学习词汇的表面意义,更要理解词汇背后蕴含的文化和情感因素。例如,对于"家"的概念,不同文化中可能包含了对家族、家居生活的不同价值观和情感色彩,这需要在教学中加以强调和解释。

其二,形式错位。在不同文化中,即便是对同一事物的指称,其在形式上也可能存在差异。这种形式上的错位反映了语言之间的结构和习惯用语的差别。在教学过程中，讲解这种错位可以帮助学生认识到单词或短语不是孤立存在的，而是要结合特定文化背景理解其真正的含义。例如，"学校"在不同的英语国家有不同的词汇与其对应，这些差异需要在教学中明确指出。

其三，功能错位。有些词汇虽然在不同文化中的字面结构相似或相同，但所指向的实际对象或概念却大不相同。这种现象可能源于文化中不同的实用功能或社会实践。在教学中应强调这种差异，让学生了解到相同形式的词汇在不同文化中可能承载着不同的语用功能。通过对比分析，增强学生对词汇多样性的认识和理解。

（2）情感错位。在英语词汇教学中，情感错位是一个必须认真对待的文化因素。情感错位指的是在不同文化背景中，相同的词汇或短语可能携带不同的情感色彩或情感强度，这种差异在跨文化交流中可能导致误解或沟通障碍。一般来说，情感错位包含以下两点内容。宏观情感错位和微观情感错位。

宏观情感错位反映了不同文化对某些概念的总体情感态度差异。这种态度差异往往根植于不同的哲学传统、价值观念以及社会习俗。例如，在英语教学中，若某一词汇在源语言文化中带有积极情感色彩，在目标语言文化中可能是中性甚至带有负面情感，词汇的这种情感色彩的转换需要在教学中得到明确指出和讨论。

微观情感错位则关注个体词汇水平上的情感倾向差异。某个具体事物可能在一个文化中是受欢迎的象征，在另一文化中则可能是不吉利或忌讳的标志。在语言教学中，对这类词汇的情感内涵要进行细致的解读，确保学生不仅了解词汇的字面意义，更能把握和理解词汇在不同文化中所表达的情感和情绪。

三、文化自信背景下英语词汇教学的改革

在现代教育环境中，提高英语词汇教学质量、加强学生的语言掌握程度以及增强其跨文化交际能力成为教育者面临的一项紧迫任务。要想

实现这些目标，教师必须在坚持教学基础理念的前提下，创新并实施更为有效的教学策略。

（一）集中培训法

在强调文化自信的今天，集中培训法在英语词汇教学中的实施，应当更加注重本土文化与全球文化的有机融合，以此作为促进学生词汇学习的重要途径。集中培训法是在特定的时间内将词汇学习方法作为课堂教学的中心内容，旨在让学生形成正确的词汇学习观念，获得适当的词汇学习方法。集中培训可以一次完成，但最好将时间控制在两周以内，然后在后续的教学中不断提供机会让学生运用词汇方法；集中培训也可以分几次完成，可以根据观念与方法的分类，结合教学安排，在学期的不同阶段抽出专门的时间对学生进行方法培训。实施集中培训法需要注意以下几点内容。

1. 本土文化与词汇学习的结合

在制订词汇学习培训计划时，应深入挖掘本土文化资源，将其与英语词汇教学相结合。例如，采用中国历史故事、成语、诗词等文化元素，通过这些与学生文化身份紧密相关的材料来介绍和记忆英语词汇。这样做不仅能够提高学生对词汇的兴趣和记忆效率，而且还能够增强他们对本土文化的自豪感。

2. 利用小组讨论增强文化意识

在小组研讨阶段，除讨论学习方法外，教师还应鼓励学生分享各自文化背景下的词汇故事，让学生认识到自己文化的独特性，并学会如何将这种独特性介绍给他人。通过这种方式，学生能够在学习英语词汇的同时，加深对本国文化的了解和自信。

3. 词汇学习实践与文化自信的融合

在教师讲解阶段，教师应突出展示如何将文化自信融入词汇学习中。教师可以用本土文化的案例来示范词汇的实际用法，如解读本土文化相关的英文媒体报道，这样可以帮助学生建立起以文化自信为基础的英语词汇使用框架。

4.培训与实践相结合的方法优化

在小组合作学习中，设计与本土文化相关的任务，让学生实践如何在使用英语词汇时展现文化自信。在此过程中，教师需要监督学生的学习活动，确保他们能在实际交流中准确、得体地使用词汇，传递本国文化。

5.问卷调查与文化自信评估

在进行训练中和训练后的问卷调查时，可加入关于文化自信的相关问题，如学生在学习英语词汇时是否更加认同和自豪本土文化，以及他们在跨文化交流中如何展示这种自信。

6.词汇运用与文化展现

在课堂实际运用阶段，教师应指导学生如何将文化自信融入词汇使用中，不断实践在不同文化背景下运用所学词汇的技能，特别是在涉及表达本土文化元素时，学生能够自信地使用英语词汇进行介绍和解释。

（二）创设文化情境法

在强调文化自信的语境中，创设文化情境法在英语词汇教学改革中的应用可以成为一个极具潜力的教学策略。这种方法要求教师在词汇传授过程中融入深厚的文化底蕴，旨在构建一个既能体现英语文化，又能够反映学生本土文化自信的多元语言学习环境。教师可以利用多媒体教学资源，如电影、剧集、音乐和艺术作品，这些多元化的资源能够为学生提供一个全方位的文化体验。通过精心设计的课堂活动，如模拟情境演练、角色扮演、辩论和讨论，学生可以在实际语言使用中体验和实践词汇。在这些活动中，教师不仅要引导学生触及语言表面的意义，还要深入探讨单词背后的文化寓意。

在推广英语词汇教学的过程中，除在课堂内进行传统的语言学习之外，教师还应该设计和实施各种课外活动，这些活动能够让学生更深入地接触和了解英语文化，进而拓宽学生的文化视野，并加强他们的跨文化交际技能。这些活动不限于传统的教学模式，而是通过更为互动和体验式的学习，让学生在实际使用中掌握语言。例如，一个富有创意的活动可以是组织学生研究和演绎英语国家的历史事件或节日。通过这种方式，学生不仅能够了解英语词汇的用法，还能对词汇背后的文化有更深刻的理解。例如，教师可以选择一部英国电影，让学生研究电影背后的英国文化，以及电影中的各种神秘元素和地点名称的含义。在这个过程中，学生不仅可以欣赏故事情节，还可以学习到如何在跨文化交际中使用和理解这些词汇。

第二节　文化自信背景下大学英语语法教学的改革与发展

一、语法教学的内涵和意义

英语语法教学在英语教育中有着极为重要的地位，它对于学生掌握正确的语言使用方法和提升语言能力具有深远的意义。

一方面，语法教学有助于学生更准确地运用已经学习的语言材料。尽管学生可能已经积累了大量的词汇和短语，但仅仅依靠这些是不足以形成正确和流畅的表达的。语法提供了一套规则体系，引导学生将这些零散的语言材料组织成完整、有意义的句子。通过学习语法，学生能够更加清楚地认识到句子的结构，理解各个成分的功能和作用，从而在实际运用中避免句式杂糅和成分混淆的情况，使得他们的语言表达更加准确。

另一方面，语法教学有助于学生全面认识并掌握语言的各个成分。语言是一个复杂的系统，而语法作为其中的一部分，提供了分析和理解这个系统的工具和框架。通过系统的语法教学，学生不仅能够了解语言的表层结构，更能深入其内在的规则和逻辑之中，这对于提升他们的语言分析能力和理解能力极为重要。语法教学使得学生能够从宏观和微观两个层面把握语言，更好地理解语言的运作方式，为他们未来更加深入的语言学习奠定坚实的基础。

二、文化自信背景下英语语法教学改革的必要性

（一）英语语法教学问题分析

大学英语语法教学面临着教学内容与学生兴趣脱节、教学模式局限性以及学习者语法建构系统性不足等方面的问题和挑战。英语语法的抽象性和复杂性使得学生难以领会其乐趣和实际应用价值，进而影响了他们对语法学习的积极性；传统的以讲授为主的教学模式限制了学生主动参与学习的机会，使学生处于被动接受状态，难以主动探索和实践语法知识。同时，学生在学习过程中往往缺乏方法论的指导，导致语法知识的掌握缺乏系统性，难以形成完整的知识体系，这不仅阻碍了学生深入理解语言规则，也限制了他们将语法知识有效应用于实际语言环境。大学英语语法教学需要关注和克服以上困难和挑战，以促进学生的积极参与和语言表达能力的提升。

（二）语法教学中的文化因素

1.思维文化因素

英语作为一种形合语言，其语法结构与汉语有着显著的不同。这种不同更深层次地反映了英汉两种文化背景下人们的思维习惯和表达方式的差异。英语通过严格的语法结构，如时态、语态、冠词和介词的使用等，明确表达句子的意义，体现了西方文化中逻辑性强、条理分明的思维特点。而汉语更多地依赖上下文的内在逻辑和语义关系，强调意义上的连贯和整体性，这映射了中文思维习惯中对关系和整体的关注。在教授英语语法知识时，教师需要注意这种文化和思维方式的差异，帮助学生理解和适应英语的思维模式。

英语语法教学不能脱离其文化土壤，因为语法规则与英语国家的文化思维方式密切相关。英语的语法规则，如主谓一致、固定的词序等，都

是西方文化逻辑严密和明确性的体现。在英语语法的教学中，如果忽略了这种文化背景，学生可能会感到困惑，不理解为什么要遵守看似僵硬的规则。因此，理解英语语法背后的文化因素对于掌握语法本身至关重要，可以帮助学生更深入地了解语言的使用环境和语言表达的文化维度。

2.语序与文化思维的相互作用

（1）文化在语序表达中的体现。英语语法教学中必须考虑语序这一核心因素，它是英语逻辑性的直接体现。不同于汉语，英语的语序比较固定，遵循一定的模式，如标准的主－谓－宾结构。这种结构反映了西方文化中对秩序和逻辑性的重视。而汉语的语序更加灵活，体现了中华文化中对和谐与整体性的追求。这种差异不仅在单句层面有所体现，在文本组织结构上也有所体现，英语的文本结构倾向于直接和线性的逻辑展开，而汉语则更倾向于螺旋式和迂回的叙述方式。这些语序的差异在教学中需要特别关注，因为它们与学生的文化思维模式紧密相关，直接影响语法学习的效果。

（2）语序差异背后的文化逻辑。在英语的语序中，信息的排列往往是有序的，反映了英语国家文化中对时间顺序和逻辑层次的重视。例如，人们用英语描述事件时，通常遵循时间顺序，而汉语描述可能更侧重于状态的描绘。英语的定语和状语排列严格，不同类型的形容词和副词有明确的顺序规则，如意见、大小、年龄、形状、颜色等形容词的固定顺序。这反映了西方文化中对分类和顺序的偏好。这种固定的语序在英语教学中是语法正确性的关键，而对于母语为汉语的学习者来说，理解这种固定性背后的文化逻辑是掌握英语语序的关键。

（3）文化与语序教学的交叉影响。英语的语序规则并不是孤立存在的，而是根植于西方文化的沃土之中。例如，在英语中，形容词的顺序通常是不可变的，这体现了西方文化中对细节和顺序的精细处理。在汉语中，有些词语在句子中的位置是可以变化的，这体现了中文表达中对语境的依赖。在语序教学中，深入理解这些文化因素能够帮助学生在使用英语进行交际时，更加准确地表达和理解信息。

三、文化自信背景下英语语法教学的改革

（一）文化对比法

1.跨文化语法教学的理念重塑

在全球化的语境中，英语语法教学正逐渐从单纯的语言知识传授转向语言文化的交融。具体到教学实践中，教师可以采用跨文化教学的方法，鼓励学生从中英文化差异的角度来分析语法现象。例如，在教授英语的定语从句时，教师可以引导学生探讨汉语中定语的使用习惯与英语中的差异，并解释英语中为何要使用这样的结构。通过比较分析，学生不仅能够掌握语法知识，还能理解语法结构背后的文化逻辑，从而培养学生的跨文化交际能力。在这个过程中，学生可以建立起自己对汉语和英语文化的自信与尊重，认识到不同文化对语言产生的独特影响，增强语言学习的深度与广度。

2.示例分析与文化自信的结合

例如，在时间表达上，中英文对时间的表述方式存在较大差异。英语中的时间表达通常非常精确，如在使用时间介词时，英语会区分"in the morning/afternoon/evening"等，而汉语则可能仅用"早上／下午／晚上"等词汇概括。在教学中，教师可以引入这一对比，引导学生思考其背后反映的文化差异。通过这种深层次的文化探讨，学生在学习语法的同时，能够加深对自身文化特质的理解和自信，以及对英语文化的尊重和理解。这种教学方法不仅仅限于语法点的传授，而是通过语法教学来促进学生跨文化理解能力的提升，最终达到用英语作为工具来进行有效沟通的目的。通过这样的教学模式，学生在语法学习的同时，在不断地建立和巩固文化自信。

（二）翻转课堂教学

翻转课堂是一种教育模式，它将传统教学模式中的课堂讲授和课后作业的顺序进行了调换。在这种模式下，学生在课堂之外通过视频讲座、在线课程、阅读材料等方式先行获取知识，课堂时间则用于理解和应用这些知识，如通过讨论、项目、实验和教师一对一辅导等互动性活动。

传统教学模式往往强调教师在课堂上的讲解，学生在课后完成作业和复习。而翻转课堂则让学生在家中自主学习新知识点，课堂上主要进行加深理解的活动，如问题解决、批判性思维练习、团队合作等，这样更好地促进了学生的参与和教师与学生之间的互动。

翻转课堂的核心优势在于它能够更好地适应每个学生的学习节奏和风格，为他们提供个性化的学习体验。学生可以根据自己的理解能力来控制学习的速度，如重复观看难以理解的知识点，并且可以在课堂上直接向教师提问，及时解决学习中的疑惑。此外，翻转课堂强调的是学生的主动学习和参与，从而培养学生的自主学习能力和批判性思维能力。教师的角色从传统的"知识传递者"转变为"学习指导者"和"问题解决者"，帮助学生在课堂上深化对知识的理解和应用。

在文化自信的背景下，英语语法教学的改革可以通过利用现代信息技术来拓展教学内容和形式，增强语法教学的文化内涵。在传统的语法教学中，学生可能只是单纯地记忆和背诵语法知识，而翻转课堂模式下，教师可以创建包含丰富文化元素的微课。例如，在讲解现在进行时时，教师可以设计含有英美文化场景的微课视频，如英国的下午茶、美国的棒球比赛等，让学生在了解语法规则的同时，感受到语法结构在实际语境中的应用。这种做法不仅增强了语法学习的趣味性和实用性，而且促使学生在学习语言的同时，对比中西方文化的差异，培养出对自己文化的认同和自信，对外国文化的理解和尊重。

在执行翻转课堂模式时，教师需要有针对性地设计交互活动，确保语法教学与文化自信的有效结合。在课前，教师可以指导学生观看涵盖中国元素的英语语法微课，如使用具有中国特色的场景来解释英语中的比较级和最高级语法现象。在此基础上，课上活动可以安排学生围绕视频内容进行小组讨论，鼓励学生发现并分享中西方文化在语言表达上的差异与联系，增进学生对本土文化的理解和自豪感。教师还应利用线上平台与学生进行实时互动，引导学生在理解语法规则的同时，能够认识两种文化在语法表达上的独特性。通过这种教学模式，学生不仅能够提升语法能力，还能在比较中建立文化自信，进一步激发他们对语言学习的热情。

第五章　文化自信背景下大学英语应用能力教学的改革与发展

第一节　文化自信背景下大学英语听力教学的改革与发展

一、听力教学的内涵和意义

英语听力教学在整个英语教学过程中扮演着举足轻重的角色，它对于学生英语能力的提升、知识体系的构建和语言思维的培养都有着深远的影响。

（一）巩固英语语言知识

听力教学是巩固学生英语语言知识的有效途径。在听力活动中，学生不仅仅要接收语言信息，更要积极地对接收到的语言材料进行处理和分析，这个过程需要他们运用已有的语言知识来解码和理解语言材料。因此，听力教学不仅能够帮助学生加强对已学知识的记忆和运用，还能促使他们在实际语言运用中加深对语言规则的理解，构建起更加稳固和系统的英语知识体系。

（二）提高语言运用能力

听力教学对于提高学生的语言运用能力具有重要意义。听力活动提供了大量的语言输入，为学生提升语言输出能力奠定了基础。通过反复的听力训练，学生能够提高对语言声音、节奏和语调的敏感度，更准确地理解对方的意图和情感，从而在实际交际中更加得心应手。

（三）发展英语语言思维

听力教学有助于学生发展英语语言思维。英语和汉语之间存在着语法结构和表达习惯上的差异，通过大量的英语听力输入，学生能够逐渐适应英语的思维方式，培养起对英语语言的敏感度。这种语言思维的转变不仅有助于提高学生的听力理解能力，还能进一步促进他们在口语、阅读和写作等方面的表现。

二、文化自信背景下英语听力教学改革的必要性

（一）英语听力教学问题分析

大学英语听力教学在高等教育体系中往往处于边缘地位，与阅读教学和写作教学相比，听力教学得到的关注较少，常被看作是口语教学的附属部分而缺乏独立的课时安排，这降低了听力训练的强度，进而限制了学生听力能力的提升。学生在听力教学中遇到的障碍包括基础知识的不足，如对音节的把握不准、连读现象的理解不深入等，这些因素共同阻碍了有效听力理解的形成。缺少沉浸在英语语境的机会也可能使学生难以敏感地捕捉英语的音调和节奏，从而增加了听力理解的难度。传统的以教师为主导的听力教学模式与学生的互动性不足，容易让学生产生抵触情绪，这种心理障碍降低了学生参与听力训练的积极性，可能导致听力教学成为一种被动的、形式化的过程。

（二）听力教学中的文化因素

1.文化障碍在英语听力理解中的影响

听力理解不仅仅是对语言文字的直接解码，还涉及对言外之意的深

层次理解，这在很大程度上取决于听者对于语言所承载的文化内涵的认识。在这一点上，许多学生在英语听力过程中遇到的障碍并非来自词汇的生疏或语法结构的复杂性，而是文化差异导致的理解偏差。例如，

——I really bombed that test.

——You'll knock the next one out of the park.

虽然学生可能知道单词"bomb"和"knock out of the park"的字面意义，但在美国文化中，"bomb a test"意味着考试失败，"knock something out of the park"则是棒球术语，转喻为在某事上取得巨大成功。没有这种文化知识的前提，学生很难准确理解这一对话的真正意义。此外，听力材料中常见的文化假设对非母语者而言是隐性的障碍。例如，提到"Thanksgiving"时，美国人会自然联想到家庭聚会和感恩节的传统活动，而这一文化背景对于其他文化中的学生来说并非常识。如果听力材料中涉及节日习俗、历史典故、地域特色等元素，没有相应的文化知识铺垫，学生理解起来将会倍感吃力。

2.社交语境在英语听力理解中的作用

听力材料中的社交语境对于学生的听力理解至关重要，因为语言使用总是在特定的社交环境中发生，且这种使用是受到文化习惯和社交规则影响的。这种影响在言语的隐喻以及委婉语和俚语等方面体现得尤为明显。例如，

——So, how was your date last night?

——Well, he certainly isn't the sharpest tool in the shed.

在英美文化中，短语"the sharpest tool in the shed"是一个常用的比喻，用来形容一个人不够聪明。如果没有这种文化背景知识，学生可能就会被这个短语困扰，无法理解 Alice 实际上是在说她的约会对象不够聪明。俚语和成语的理解同样依赖于文化和社交语境的理解。例如，"spill the beans"（泄露秘密）或者"hit the sack"（去睡觉）等表达，在不了解其背后文化和使用情境的情况下，学生很难通过直译来准确理解其含义。

三、文化自信背景下英语听力教学的改革实践

（一）文化深潜与语言学习相结合

1.语境理解与文化内涵挖掘

语言与文化是不可分割的，理解一个国家的语言也必须深入了解其文化。在听力教学中，教师应引导学生不仅关注语言表面意义，还要更深层次地挖掘单词或短语背后的文化内涵。例如，讲解词汇"eagle"时，除了基础意义"鹰"，还需指出它在美国文化中象征自由和力量的内涵。学生应通过这样的学习过程，构建起包括语言知识和文化知识在内的全方位知识体系，提高语言实用能力的同时，增进对不同文化的认知和尊重，体现文化自信的实质。

2.增强文化自觉与语言实践相融合

文化自觉是指人们对自己文化价值和特征的自觉认识。在英语听力教学中，应培养学生的文化自觉，让他们在理解外国文化的同时，自觉地比较和发现本国文化的独特价值。例如，通过学习英文中的"knighthood"一词，学生不仅能了解西方的爵士文化，同时能联想到中国的"士"文化，对比两者在社会地位方面的异同。这种教学方式有助于学生建立起跨文化的视角，增强文化自信，并有效提升他们的英语听力水平。

3.融合文化互鉴与听力素养提升

文化互鉴是文化自信的外在表现形式，通过促进不同文化之间的交流和理解，实现共同发展。在英语听力教学中，可以通过引入国际视野广阔的听力材料，如国际新闻、全球议题的讨论等，让学生在学习语言的同时，接触并思考全球范围内的文化现象和多元文化的融合问题。例如，探讨"sustainability"一词时，除了解释词义"可持续性"，还应涉及不同国家在环境保护上的文化理念与实践。通过这种多维度的听力材料分析，学生能在全球文化语境中提升听力解码能力，进而增强自身文化自信和提升国际交流能力。

（二）广播新闻辅助法

在当今多元文化并存的教育环境下，英语听力教学需要更多地利用真实、生动的材料来培养学生的语言技能及文化理解力。广播新闻，特别是国际广播电台的新闻节目，因其即时性、权威性及文化传播的广泛性，成为英语听力教学的重要资源。利用广播新闻进行听力教学，不仅可以帮助学生获取最新的国际信息，同时能让学生在语言学习中感受不同国家和地区的文化特色，培养文化自信和全球视野。

第二节　文化自信背景下大学英语口语教学的改革与发展

一、口语教学的内涵和意义

英语口语教学的内涵丰富，其重要性在于英语口语教学不仅与语言的本质特性紧密相关，而且对于学生英语能力的提升、英语语感的培养以及跨文化交际能力的提升均有着深刻的影响。

（一）口语教学与语言学习

口语教学与语言本身的发展规律是一致的。英语作为一种声音的语言，其口语表达是最直接、最自然的交流方式。在日常交流中，听说读写四项技能相辅相成，共同构成了完整的语言运用体系。随着语言教学理念的不断进步，传统的注重语法和翻译的教学方法已经逐渐让位给更加注重实际运用，尤其是口语交流能力培养的现代教学法。这些以"听说法""交际法"为代表的教学法强调通过真实的交流情景，增强学生的口语应用能力，使其更符合语言学习的内在规律和实际需要。

（二）提高口语表达能力

口语教学在提升学生口语表达能力方面具有极其重要的作用。通过对口语的系统训练和实践操作，学生不仅能够纠正并改善其发音上的不足，还能突破心理层面的障碍，更加自信地使用英语进行口头表达。在这个过程中，教师发挥着至关重要的角色。他们通过引导学生进行模仿练习、情景对话和演讲等一系列口语训练活动，帮助学生找到发音的准确位置，纠正错误的口语习惯，并在实际交流中运用所学知识，从而提高他们的口语流利度和表达能力。此外，系统的口语教学还有助于学生形成英语思维，使他们能够用更加地道的英语进行思考和表达。随着口语能力的提升，学生在表达自己观点时能够更加准确、流畅地使用英语，从而在学术和职业领域取得更好的成绩和发展。

（三）培养英语语感

口语教学在培养学生英语语感方面发挥着不可替代的作用。语感是指个体对语言规则的无意识掌握，是通过大量的语言输入和输出活动在长时间的实践中形成的。在口语教学中，学生通过直接的口语交流，能够充分感受和体验英语语音、语调、语气等方面的微妙变化，从而对英语有更加深刻的认识和体会。在这个过程中，教师通过设计丰富多样的口语交流活动，如角色扮演、小组讨论、情景模拟等，能让学生在实际交流中运用所学知识，创造性地表达自己的观点。这不仅锻炼了学生的口语表达能力，也有助于他们在实际交流中快速反应，提高了他们对英语语言的敏感度和掌握度，从而在无形中培养了他们的英语语感。

二、文化自信背景下英语口语教学改革的必要性

（一）英语口语教学问题分析

大学英语口语教学在实施过程中遇到了教学资源与环境限制、教学方法与手段单一以及评估体系不完善等问题，这些问题因素共同阻碍了学生口语能力的提升和语言运用的实际效果。学生的学习动机、自信心不足和害怕犯错的心理障碍，也限制了他们口语能力的发展。此外，以

考试成绩为主的评估体系较少关注学生口语能力的持续发展和实际应用能力的提升，学生提升真正交际能力的动力不足。

（二）口语教学中的文化因素

1.交际礼节与文化预设的差异

在英语口语教学中，理解和掌握不同文化背景下的交际礼节及文化预设至关重要。每种文化都有其独特的社交礼仪和预设概念，这些在语言使用中体现得淋漓尽致。例如，在英语国家，直接表达否定意见往往被认为是不礼貌的，而中文交际中直接表达拒绝或不同意见较为常见；在美国，被问及"How are you?"时，即使真实情况不佳，大多数人也会回答"I'm good"或"Not bad"，这并不是真正询问健康状况，而是一种社交套话。相较之下，中国文化中的"你吃了吗？"已不再是询问饮食情况，而是一种问候。因此，教师在口语教学中，不仅要教会学生正确的语言表达，更要深入解读文化背后的社交预设，帮助学生在实际交际中准确地理解和运用语言。

2.成语与谚语的文化内涵差异

成语和谚语是语言文化的结晶，蕴含丰富的历史和文化信息。在英语口语交际中，常常使用形象而富有文化特色的表达方式，如谚语和成语。英语中的"It's raining cats and dogs"（倾盆大雨）体现了英语国家对雨的形象描述，而汉语中的"倾盆大雨"则直接描述了雨的样子。在教学中，教师需要着重指出这些表达背后的文化差异，并引导学生掌握它们的使用情境，避免文化误解或沟通障碍。

3.文化习俗与地理环境的反映

语言与文化习俗、地理环境密不可分，这在日常口语中尤为明显。例如，海洋文化在英语沿海国家的语言中占据着重要位置，因此，"sail close to the wind"（冒险的行为）等与海洋相关的表达在英语中随处可见，而内陆国家的语言则鲜有此类表达。同样，由于地理环境的差异，英语中有关户外活动的词汇远比中文丰富，如"hiking"（徒步旅行）"camping"（露营）等。在教学过程中，应将这些与文化习俗、地理环境相关的表达介绍给学生，帮助他们更好地理解这些词汇的文化背景，以及如何在适当的语境中灵活运用。

三、文化自信背景下英语口语教学改革的原则

在英语口语教学中进行文化自信的渗透，教师应遵循科学的教学原则，以有效提高学生的口语水平，提升教学的效率。具体而言，教师需遵循以下几项原则。

（一）基于听力理解的口语训练原则

英语口语教学中应当将听力理解作为口语表达的前提。这一原则认为，语言输出（说）是语言输入（听）的自然延伸。在教学实践中，这意味着学生要先通过听力练习，充分接触并吸收地道的语言材料。听力理解的深度直接影响学生口语表达的准确性和自然度。例如，学生可以通过听不同地区的英语新闻，理解不同文化背景下的英语口语表达习惯。在文化自信的背景下，教师可以结合学生的文化背景，选取含有中国元素的英语材料进行听力练习，让学生在了解外国文化的同时，能够自信地表达自己的文化。

（二）文化融合的递进式教学原则

在英语口语教学中，递进式教学原则强调从学生当前的语言水平出发，逐步提高教学难度和深度，同时注重文化融合，帮助学生提升跨文化交际的能力。教学内容和难度的设计需与学生的语言基础相匹配，逐步引导学生从发音练习到简短对话，再到复杂的口语交流。在文化自信的加持下，递进式教学不仅仅能提升学生的语言技能，还能提高学生的文化理解和表达能力。例如，教师可以设计以中国传统节日为话题的口语练习，鼓励学生用英语描述节日习俗，提升他们表达本土文化的能力，同时让外国文化在对比中成为学生学习和理解的对象。这样的教学模式不仅有助于学生语言技能的递进式提升，还有助于树立学生在跨文化交际中的文化自信。

（三）整体与分支相结合的口语教学原则

整体与分支相结合的口语教学原则强调教师在英语口语教学中要整合课堂内外的学习资源，发挥各自的优势。课堂教学是基础，为学生提供系统的语言知识与口语练习；而课外活动则是延伸，可以将课堂学习的内容应用于实际生活中，提高学生的实际运用能力。例如，教师可以利用课堂教学介绍不同国家的文化差异、引导学生进行简单的英语对话等，而在课外则组织国际视频交流、英语角等互动活动，让学生在真实的语言环境中运用所学，体验跨文化交流的乐趣。在文化自信的背景下，教师不仅要引导学生在课外活动中实践口语，更要鼓励他们在国际舞台上积极展现中华文化，用英语讲述中国故事。这种文化的自信表达，不仅能够增加学生的口语实践机会，还能够培养学生对自己文化的自豪感和对外传播的能力。

（四）交际实用性与学术性相结合的教学原则

交际实用性与学术性相结合的教学原则强调英语口语教学既要注重学生口语的实用性，使其能够在实际生活中实现无障碍交流，也要考虑学术性，让学生能够在学术场合正确而得体地运用英语。在教学过程中，教师应当通过模拟不同的交际场景，如旅游情景对话、商务谈判模拟、学术报告等，来提升学生的英语口语技能。文化自信在此原则中同样占有重要位置。在教学实践中，教师不仅要教给学生如何用英语描述西方的节日和风俗，还应该教授他们如何用英语介绍中国的文化节日、传统习俗和历史故事，使学生在全球化语境中能够自信地表达自己的文化。例如，教师通过组织模拟联合国会议，让学生用英语辩论中国在国际问题中的立场和角色，这样既训练了他们的口语表达能力，又加深了他们对全球议题的理解。

四、文化自信背景下英语口语教学改革的实践

（一）课外活动练习法

在文化自信的大背景下，英语口语教学的课外活动练习法应当更加

注重将中华文化的多样性与丰富性融入英语口语的学习之中。在课外练习活动的设计与实施过程中,教师应当引导学生去发现与展示中华文化的独特魅力,并以此作为英语口语练习的内容和载体,从而在练习口语的同时,学习与传播中华文化。

1.扩展论述文化主题的英语口语活动

(1)文化故事讲述。教师可以组织学生深入研究中国的神话传说、历史人物或重大事件,并以此为基础创建英语口语讲述活动。例如,学生可以在小组中讨论如何用英语呈现《西游记》中的某个故事情节,或者讲述秦始皇统一六国的历史。在准备过程中,学生不仅要学会如何用英语叙述故事,还必须了解故事背后的历史和文化背景,这样可以增强他们对自己文化遗产的了解和尊重。学生还可以将这些讲述制成英语有声书,或者通过校园广播、社交媒体发布,让更多的人了解中国的故事,实现文化的传播与交流。

(2)成语接龙和节日介绍。成语接龙活动可以转变为一场有趣的英语挑战赛。学生不仅要用英语解释成语的意思和用法,还要尝试找到等效的英语表达,这样可以让非中文背景的听众也能参与活动。此外,学生可以通过角色扮演的方式,模拟中国传统节日的庆祝活动,并用英语介绍节日的起源、传统习俗和现代实践。例如,在中秋节,学生可以用英语介绍月饼的制作过程,讲述嫦娥奔月的故事,或者表演相关的传统节目。这样的活动不仅能提高学生的口语表达能力,还能促进学生对中国节日的深入理解和跨文化交流能力的培养。

2.利用现代科技手段创造学习内容

(1)英语短视频制作。学生可以在教师的指导下,制作关于中华文化元素的英语短视频。从拍摄技术到剪辑流程,再到最终的英语旁白,每一步都是对学生语言表达和技术技能的一次挑战。例如,以中国茶文化为内容的短视频的制作,学生可以探访茶园,讲述不同茶叶的种类、采摘、加工方法以及泡茶的艺术,并尝试用英语解释这些过程。通过这样的活动,学生不仅能提升自己的英语水平,还能增强对中国传统文化的认识和自豪感。

（2）播客和社交媒体应用。学生可以创建专注于中华文化的英语播客节目，定期发布新内容。他们可以邀请校内的中华文化专家或者对中华文化感兴趣的国际友人进行访谈，用英语探讨中国书法、诗歌、音乐等方面的知识。此外，学生可以利用社交媒体平台，如 Instagram 或微博，发布与中华文化相关的英语帖文，这样不仅能提升学生的英语写作能力和口语能力，还能与全球网友进行互动交流，展现中华文化的魅力。

3.角色扮演活动在提升英语口语中的作用

（1）模拟国际会议。通过模拟国际会议，如联合国大会或国际学术研讨会，学生可以扮演外交官或专家学者的角色，用英语讨论全球性议题。在这样的模拟活动中，学生必须深入了解中国在国际事务中的立场和策略，用英语清晰、准确地表达中国的观点。这不仅能锻炼学生的英语口语表达能力，还能增进他们对国际事务的理解，让他们在国际舞台上自信地传播中国的文化和价值观。

（2）国际论坛角色扮演。在国际论坛角色扮演活动中，学生可以模拟国际领袖或者使节，用英语就环保、经济发展、文化交流等话题发表演讲。这类活动要求学生不仅要有扎实的语言技能，还要有较强的跨文化交流能力和对国际议题的深刻理解。通过这样的实践，学生能够在经济全球化的背景下，展现中华文化的自信与包容性，同时能够提升自身作为全球公民的责任感和使命感。

（二）影视剧辅助法

在大学校园中，美国电视及网络剧集（以下简称"美剧"）十分流行，深受学生的喜爱。实际上，美剧并不仅仅是一种消遣方式，还是帮助学生认识西方文化、提高口语表达能力和交际能力的重要途径。对此，教师可以通过美剧来开展口语教学，以改善口语教学环境，激发学生的学习兴趣，锻炼学生的口语表达能力，同时提升学生的文化自信。

1.融入文化自信的美剧筛选

在选择美剧作为教学辅助材料时，教师应挑选那些能够反映多元文化和国际视野的作品，尤其是那些能够展示文化交流与融合，或者有助于引发人们对文化自信话题的讨论的剧集。例如，选择那些包含中西文化交流场景的美剧，不仅能让学生接触地道的英语表达，也能为学生提供一个从中西方文化差异中挖掘和理解自身文化优势的视角。通过学习美剧中的角色如何在不同文化背景下交流，学生可以增强对本土文化的自信，并学习如何在全球化语境下有效地表达和传播这种自信。

2.分级深入的美剧教学法

教师应设计一个分级深入的教学计划，从而有助于学生层层递进地提高口语能力和跨文化交际能力。在初级阶段，教师的教学重点应放在美剧的情节理解和语言结构上，使学生熟悉英语表达的基本形式。中级阶段，教师重视文化元素的引入，让学生通过角色对话理解不同国家的文化差异和社会习俗。高级阶段，学生应能在欣赏剧情的同时，批判性地思考文化自信如何在剧集中表现，以及如何将这种自信融入他们的口语表达和日常交流中。此外，通过反复观看不同层次的美剧内容，学生能更加深刻地理解英语语言和文化，并学会如何在实际交流中灵活运用语言。

3.摆脱字幕的自主学习法

要鼓励学生逐步摆脱对字幕的依赖，这种训练可以提升学生的听力理解能力，并激发他们自主学习的积极性。教师应引导学生先观看带字幕的英语视频，随着对语言的熟悉度提高，逐步过渡到关闭字幕，从而培养学生对语音语调的敏感度和理解力。在这一过程中，学生能够通过上下文线索和非语言信息来揣摩台词含义，这样的训练符合真实交际环境的需求，能够更好地培养学生的交际能力。此外，通过这样的练习，学生也会意识到语言的多样性和文化的深层含义，进而增强他们用英语表达中华文化的信心和能力。

4.模仿与表演时融入文化自信

学生在学习美剧中的对话时，不仅要模仿其语音语调，还要学会将中华文化的自信融入表演之中。通过角色扮演活动，学生可以练习用英语表达中华文化元素，例如，扮演一个向外国朋友介绍中国传统节日的角色。教师可以引导学生思考如何在表演中体现出对中华文化的自信和骄傲，同时保持英语的流畅性和准确性。这样的练习不仅提高了学生的英语口语表达能力，也让他们在实际交流中更自信地介绍和代表中华文化。这种教学方式能够激发学生的学习兴趣，增强他们用英语自然、流畅地表达中华文化的能力。

第三节　文化自信背景下大学英语阅读教学的改革与发展

一、阅读教学的内涵和意义

1.提供丰富的语言材料

英语阅读教学不仅仅是提高学生阅读理解能力的过程，更是一个提供丰富英语语言材料、帮助学生深入了解英语文化的过程。在中国，英语学习者通常缺乏真实、自然的语言环境，而阅读教学恰好提供了一个窗口，让学生能够接触到地道、丰富的英语语言材料。通过阅读不同类型的文本，学生能够了解到英语国家的历史、文化、社会等多个方面的信息，这对于拓宽学生的国际视野、增强学生的文化意识有着积极的作用。同时，阅读教学是一种极具灵活性和自主性的学习方式。学生可以根据自己的兴趣和需要选择阅读材料，可以在任何时间、任何地点进行学习，这对于培养学生的自学能力和终身学习的习惯具有重要意义。

2.强化语言应用能力

英语阅读教学的目的不仅仅是提高学生的阅读理解能力，更是强化其英语综合运用能力的重要途径。通过阅读，学生可以积累大量的词汇、短语和语法知识，这对于提高他们的听说读写能力都有着直接而积极的影响。例如，在阅读中遇到的语言点和表达方式，学生可以在写作和口语交流中加以运用，从而提升自己的语言运用能力。此外，阅读还能够激发学生对英语学习的兴趣。通过阅读有趣的故事、文章，学生可以感受到语言学习的乐趣，进而产生持续学习的动力。阅读还能为学生提供一个理解和思考问题的空间，帮助他们培养批判性思维和解决问题的能力。在阅读中，学生需要对文章内容进行分析、评价和综合，这不仅锻炼了他们的语言能力，也提高了他们的思维能力和创新能力。

3.促进个人全面发展

英语阅读教学不仅能提高学生的语言能力，还能促进其个人素质的全面发展。通过阅读，学生能够接触到丰富多样的知识，激发其对世界的好奇心和探究欲，培养其终身学习的意识和能力。同时，阅读还能提升学生的文化素养，帮助他们建立正确的价值观和世界观。阅读教学还能培养学生的自我管理能力和时间管理能力。在阅读学习中，学生需要独立安排学习时间，制订学习计划，这对于培养他们的自我管理能力和时间管理能力具有重要意义。此外，通过阅读，学生还能培养自己的耐心和毅力，学会在面对困难和挫折时不轻易放弃，持之以恒地追求自己的目标。

二、文化自信背景下英语阅读教学改革的必要性

（一）英语阅读教学问题分析

大学英语阅读教学中存在的主要问题包括传统阅读教学模式的局限性和文化交际视角的局限两个方面的内容。当前的阅读教学偏向语言形式和结构分析，这种由转换生成语法理论影响的模式，将阅读变成了一种解码过程，阅读作为思维和理解活动的本质以及主动构建意义的必要性可能被忽视。这导致学生在阅读时可能过于依赖外在工具如词典，忽略了运用自身的背景知识和文本线索进行推测和解释，从而限制了他们的深层理解和批判性思考能力的发展。阅读教学中对文化内容的忽视不利于学生跨文化交际能力的提高，因为语言不仅是沟通的工具，也是文化的载体。如果教师在教学中过分强调语言符号的分析，忽略了文化差异和背景的讲解，就会导致学生难以理解文章的深层含义。

（二）阅读教学中的文化因素

在大学英语阅读教学中，文化影响因素主要指的是那些与文化背景、价值观念、思维习惯和预设知识相关的元素，它们在阅读过程中影响着学生对文本的理解和解释。这些因素之所以显得尤为重要，是因为阅读不仅是一个简单的语言解码过程，更是一个复杂的认知和文化互动过程。

1.价值观的冲突与阅读理解

在大学英语阅读教学中，价值观的差异是一个不可忽视的文化影响因素。中西方文化在价值观念上的差异，特别是集体主义与个人主义的对立，深刻影响着学生的阅读理解。西方文化倾向于强调个人主义、自由和个人权利，这种倾向在阅读材料中无处不在，从文学作品到社会科学论文，处处体现着这一价值观念。中国学生可能因为自身的集体主义背景而难以从作者的个人主义视角出发去理解文本，他们可能无法充分理解西方作者在论述中所体现出来的个人主张和主体性。同样，西方读者在解读来源于中国的材料时，若不了解中国的社会和文化背景，也会面临理解的障碍。价值观的差异会导致学生无法准确把握作者的立场、论点和情感，进而影响其对文章整体意义的把握。

2.思维方式的多样性与阅读策略

思维模式的差异也是影响大学英语阅读理解的重要文化因素。英语作为一种语言，其表达方式和思维习惯深受西方文化的影响。西方的直线型思维方式强调直接、明确和逻辑严谨，这种思维模式在西方文本的结构安排上有明显体现：主题句通常出现在段落的开始，接着是支撑论点的论据。而中国的学生往往习惯于间接的、关系型的思维方式，他们在面对西方的文本时可能会本能地去文章的末尾寻找主题，这种固有的阅读策略会导致理解偏误。

3.刻板印象的挑战与阅读理解

刻板印象是指对某人或事过度简单、过度概括或夸张化的看法。刻板印象具体表现在三个方面：以人们最明显的特征加以归类；以一组特征概括全体；以同一种方法对待整个群体。例如，亚洲人会认为美国人都很开放，都喜欢吃热狗，都不喜欢照顾老年人，而美国人则认为亚洲人都很节俭，亚洲人都很有数学天赋，一提到中国功夫就会想到李小龙等。英语阅读材料涉及西方社会的方方面面，不仅仅会论述西方文化的共性，也会介绍个体情况，如果学生带着这种先入为主的刻板印象去阅读，就会曲解甚至误解文章主旨，难以真正理解文章内涵。

三、文化自信背景下英语阅读教学改革的原则

（一）激活背景知识原则

激活背景知识原则强调在英语阅读教学中对学生的预备知识，包括他们的文化知识的充分利用。这一原则强调学生的文化背景对于理解文本的重要性。在英语阅读教学中，教师应鼓励学生将自己的文化知识和阅读材料中的文化元素联系起来，通过这种方式，学生能更深刻地理解文本内容，并对比不同文化之间的异同，这样不仅能够增强学生的文化自信，也能培养他们的跨文化理解力。教师在设计阅读课程时，要充分考虑学生的文化背景，并将之作为激发其兴趣的媒介。教师通过引导学生将个人的文化经验和阅读材料中的文化现象相联系，可以促进学生在阅读过程中的思考和理解。这种做法有助于学生建立文化联系，提高他们的文化敏感性和理解能力。

（二）把握阅读教学关键原则

把握阅读教学关键原则涉及重新审视和调整教学焦点，将其从应试导向转变为理解导向。这一改革原则认为，阅读理解不仅仅涉及文字信息的获取，更是一个涉及认知活动、背景知识和文化理解的复杂过程。阅读教学不应只停留在表层的知识传授，而应深入指导学生如何思考、如何从不同文化视角来解读文本信息。在这一原则下，教师的角色从知识的传递者转变为思考的引导者和文化的中介者。在阅读教学中，教师应关注学生如何处理和理解文本中的文化内容，如何利用自己的文化知识与新信息建立连接，以及如何在不同文化间搭建桥梁。通过这种方式，学生能够更全面、更深层次地理解文本，增强自己的文化自信和跨文化交际能力。

（三）速度与流畅度结合原则

在大学英语阅读教学中，教师面临的一个重要任务是如何有效地平衡学生的阅读准确性和流畅性。准确性是阅读的基础，能够确保学生正确理解每个单词和句子的含义。然而，只有准确性而缺乏流畅性，可能会导致学生的阅读过程机械而缺乏连贯性，影响学生对文章整体结构和深层含义的理解，特别是那些涉及文化差异和背景知识的内容。因此，教师应鼓励学生进行多次阅读，帮助他们逐渐提高对文本内容的熟悉度。随着熟悉度的提高，学生可以减少在单词和句法层面上的时间投入，将更多精力转移到文章的内容和文化意义上。这种重复的阅读实践不仅加快了阅读速度，也增强了阅读的自然流畅性，从而使学生能够更深入地理解文本，尤其是那些文化层面的细微差别。

此外，教师还需要帮助学生识别和解决阻碍阅读流畅性的各种障碍。例如，教师通过教授学生利用上下文线索推断生词含义的方法，减少学生对词典的依赖，以及通过教授学生快速阅读和寻读的策略来提高学生对信息的处理速度。在此基础上，培养学生的自信心也是提高流畅阅读的关键。当学生对所读材料有足够的了解和把握时，他们遇到新的阅读材料将更加自信，能够更加有效地构建文章意义，预测内容发展。这样的阅读体验不仅提高了学习的效率，还能让阅读成为一种享受。最终，教师的目标是使学生能够无障碍地从英语文本中提取信息，并且通过这一过程拓宽学生视野，促进学生发展。

四、文化自信背景下英语阅读教学改革的实践

（一）"阅读圈"教学法

"阅读圈"是一种以学生为主导的阅读探讨形式，它赋予了学生自由选择阅读材料和互相讨论的权力。这种形式在英语教学中表现为分组合作学习，每个成员在小组内担当不同的角色，负责特定的任务，并在阅读后进行反思和交流。学生可以根据个人兴趣挑选阅读内容，这种自主性的培养是激发学生阅读热情的关键。在分组合作学习中，每个成员不

仅要完成自己的阅读任务，还需要与同伴们分享自己的理解和发现，讨论文本的相关性问题。这不仅是对个人阅读理解能力的提升，更是一次文化交流和文化自信的建立过程。学生通过接触不同的文化背景资料，不仅能了解和欣赏外来文化，还能在比较中认识自身文化的独特价值和魅力，从而在阅读和讨论中逐渐树立起对本土文化的自信。

"阅读圈"模式的成功，很大程度上依赖于小组成员是否做好了充分的准备工作。在这个过程中，通过深入的文化探讨，学生不仅提高了英语阅读技能，同时强化了对自己文化的认同和自信。这种教学方式对于培养学生的阅读兴趣、增强教学效果，以及建立文化自信都有着不可忽视的重要作用。在英语阅读教学中，"阅读圈"教学法主要包含以下几个实施步骤，如图 5-1 所示。

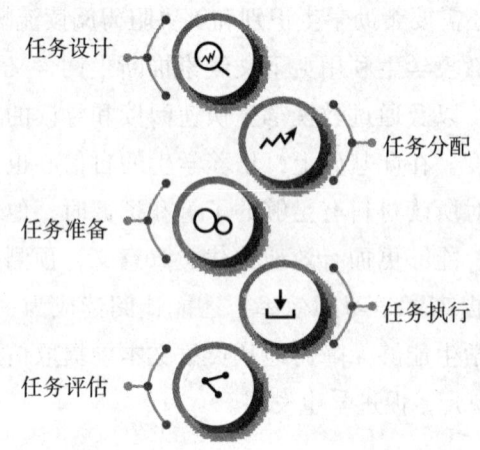

图 5-1　"阅读圈"教学法的实施步骤

1.任务设计

在此阶段，教师需围绕特定的文化主题，清晰界定教学的目的与目标，并精心挑选出课内外阅读的资料，这些资料应涵盖需要学生共同探讨和分析的议题。教师需要预先规划学生应遵循的学习路径和方式，以确保任务的有序推进和学生学习效果的最大化。

2.任务分配

在这一阶段，教师将学生编入小组，每组 6～7 人，构建"阅读小组"。随后，教师应向学生阐明阅读小组的运作模式、期望和实施规则，并明确告知学生学习的关键点和预期成果。同时，教师应激励学生在小组内扮演特定角色，以便在小组讨论中各司其职。

3.任务准备

任务布置完毕后，教师应引导学生进行个人思考，鼓励他们将关于讨论话题的思考以文字形式表达出来。鉴于每位成员在阅读小组中有不同的角色与任务，教师应鼓励学生在履行各自职责时，自由地展示他们对于文化议题的多样化见解。

4.任务执行

学生在教师的指导和个人的努力下完成了既定的任务，接下来，各小组应根据分工，整合信息、拓展思考，准备并制作 PPT，以在课堂上分享其核心成果。这一阶段是培养学生多元化思维、深化学生对文化的理解的重要环节。学生将自主汇报和讨论，教师在此过程中则扮演活动协调者和顾问的角色，教师应适时调整讨论节奏，保证讨论的质量。

5.任务评估

所有小组展示并讨论完毕后，即进入评估环节。评估形式可以是自我评估、小组互评或教师与学生的共同评估。互评阶段，学生可依据小组的展示成果和讨论参与度进行评分。在学生互评之后，教师进行综合点评，这时，教师应尊重学生对文化的个性理解，重视他们的思维深度与广度，并对积极参与者进行表扬，以此鼓励全体学生更加积极地参与未来的类似活动。

（二）阅读文化图式教学法

图式理论突显了阅读的核心特性，那就是读者的预存知识与新接收的文本信息之间的动态互动过程。该理论在阅读领域的科学研究中占据着重要位置，它不仅认识到文化和主题背景知识对于阅读理解的重要性，而且也同样重视词汇与语法对阅读理解的影响。在下文中，本书将从

"读前""读中""读后"三个不同的阅读阶段对此进行探讨。

1.图式启动阶段——文化素材的引入

（1）创造性思维激发。当涉及阅读的起始阶段，头脑风暴法是引导学生进入英语阅读环节的一种有效手段。通过这种方法，学生能够自由展开思维，激活并构建心中的图式。因此，教师在引入新的文化主题时，需要巧妙地设定讨论主题，激发学生的想象力和创造力，让他们在这一过程中更加积极地融入课堂氛围。

（2）预测性阅读与交流。图式理论在阅读前的运用应当利用学生的推理预测能力。通过对文本内容的预测和探讨，学生可以激活自己的图式，进而在这个过程中形成对即将接触的材料的初步理解和期待。

（3）多媒体材料应用。在引导学生接触新文化时，多媒体资源的使用可以极大地丰富教学手段。借助多媒体的直观展示，学生可以更加深刻地体验语言和文化的魅力，了解不同文化背景下的语言表达差异，并在此基础上激发和扩展自己的图式。

2.阅读中的文化理解——图式深化

在阅读的过程中，文化知识的深化是至关重要的。在此阶段，教师的角色转变为深化和扩展学生对文化内容图式的理解。这一过程中，利用浏览和略读策略，学生不仅能够快速把握文本的主旨，还能够激发与文本内容相关的图式，这有助于学生对文章的深入理解。在具体的深度阅读活动中，教师应引导学生细致挖掘文本的文化内涵，克服学生在阅读过程中遇到的难题。一方面，通过略读和浏览，学生可以快速捕捉文章的大意，为构建相关的图式奠定基础。另一方面，通过精读，学生在理解每个单词尤其是那些带有浓郁文化色彩的词汇时，能够更加准确地把握其文化含义，从而进一步丰富和深化自身的图式。

3.读后文化拓展——巩固图式

在阅读的最后阶段，巩固和扩充图式是核心，这也是培养学生文化自信的关键时刻。文化自信的培养是指学生对自身文化和其他文化的深入理解后形成的自信感，这种自信有助于他们在全球化的背景下更好地交流和表达自己的观点。

（1）辩论不仅是固化图式的一个过程，也是检验学生文化理解深度的机会。通过辩论，学生不仅重申了文本的文化内容，也在对抗性的论证中加深了对自身文化立场的理解和坚持，从而增强了文化自信。

（2）角色扮演活动允许学生深入文本的文化环境中，体验不同的文化角色。在这一过程中，学生不仅巩固了自己的图式，同时，通过模拟不同文化背景的人物，他们对自己的文化有了更深刻的认识和尊重，这种体验能够显著提升学生的文化自信。

（3）总结性写作作为一种反思和内化的手段，可以使学生在将所学内容整理成文时，不断加强和重新审视自己的文化理解和表达，从而在内心建立起对自己文化的信任和自豪感。

（4）鼓励学生参与课外阅读，可以极大地提高他们的文化理解力和文化自信。阅读广泛的文化材料，学生可以从多元文化中找到与自身文化的联系和差异，进而在比较中建立起对本土文化的自信与认同，这是图式理论在实践中的深化。教师应该为学生提供多样的阅读选择，并鼓励他们主动探索、学习并欣赏来自不同文化的观点和表达方式。通过这种方式，学生在巩固知识图式的同时，能够建立起对自己文化的自信，进一步增强其在全球文化交流中的参与度和影响力。

第四节　文化自信背景下大学英语写作教学的改革与发展

一、写作教学的内涵和意义

1. 语言综合应用的重要体现

英语写作教学不仅仅局限于对单纯语法规则的记忆和应用，更是对

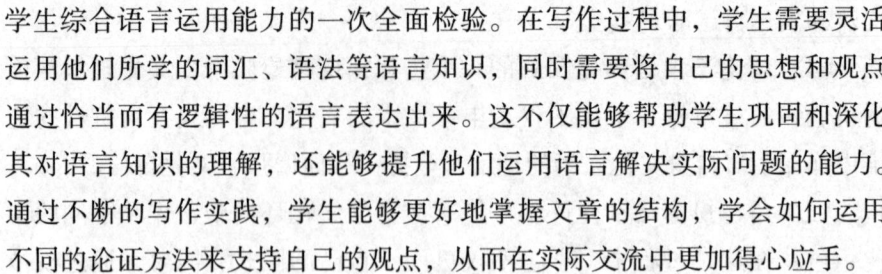

学生综合语言运用能力的一次全面检验。在写作过程中，学生需要灵活运用他们所学的词汇、语法等语言知识，同时需要将自己的思想和观点通过恰当而有逻辑性的语言表达出来。这不仅能够帮助学生巩固和深化其对语言知识的理解，还能够提升他们运用语言解决实际问题的能力。通过不断的写作实践，学生能够更好地掌握文章的结构，学会如何运用不同的论证方法来支持自己的观点，从而在实际交流中更加得心应手。

2. 提升思维能力

写作是一个需要深度思考和严密逻辑的过程。在英语写作教学中，学生不仅要学会用英语表达自己的思想，还要学会清晰、有逻辑地组织自己的语言。这对于提高学生的思维能力尤为重要。尤其是对于英语非母语的学生来说，用第二语言进行深度思考和表达，需要思维的更高层次的认知加工，这无疑能够极大地锻炼和提升他们的思维能力。通过不断的写作实践和教师的有针对性指导，学生能够逐渐形成独立思考和批判性思维的习惯，这对他们未来的学术发展和职业生涯都将产生积极影响。

3. 深化对英语文化的理解

英语写作教学不仅仅是语言知识的传授，更是文化理解和跨文化交际能力培养的重要途径。通过写作，学生能够接触丰富的英语文化背景知识，了解不同文化背景下人们的思维方式和表达习惯，从而更加准确地把握英语的语言表达。这对于提升学生的跨文化交际能力，增强他们的国际视野，具有重要的意义。同时，通过对英语国家文化的学习和理解，学生能够认识并尊重不同国家的文化差异，培养其全球公民意识。

4. 展示和评估学习成果

英语写作作为学生学习成果的直接体现，是教师评价学生英语水平的重要依据之一。通过对学生写作水平的评估，教师能够准确了解学生在词汇、语法、句式结构等方面的掌握情况，以及他们对英语文化的理解程度，从而更加有针对性地进行教学。对于学生来说，写作不仅是对自己所学知识的一次总结和巩固，也是对自己英语水平的一次检验。通过不断的写作实践和反馈，他们能够清楚地认识到自己的优点和不足，更加明确未来学习的方向和目标。这对于激发学生的学习兴趣，提高他们的自主学习能力，都具有重要意义。

二、文化自信背景下英语写作教学改革的必要性

（一）英语写作教学问题分析

大学英语写作教学中存在的一些显著问题包括教学目标和教学方法缺乏系统性以及教与学颠倒等。教学目标和阶段性目标之间缺乏协调和科学的衔接可能是因为教师对教学目标与学生实际写作能力关系的认识不足，导致教学过程无法有效促进学生写作技能的发展。教学方法缺乏系统化的规划不仅影响了教学的效率和质量，也阻碍了学生写作能力的提升。在写作教学教与学角色颠倒的教学模式下，教师过多地传授理论知识和个人经验，从而会对写作本身的实践性、参与性特征认识不足。这种教学方式会限制学生的创造性思维和独立写作能力的提升，导致学生缺少写作兴趣。

（二）写作教学中的文化因素

在写作教学中，文化的影响不可忽视，因为它深深地渗透于语言表达的各个层面。例如，在句子结构的设计上，英语和中文的差异尤为显著。英语写作强调直接性和效率，一般是按照信息的重要程度来组织句子，关键信息常常置于句首，遵循"重要先行"的原则。这种结构在处理复杂信息时显得尤为有效，因为它能迅速揭示主题，随后通过各种句式进行扩展和深化。与此相对，中文表达更含蓄和间接，常常通过上下文的叠加来逐步展现句子之间的逻辑联系，而不是依赖显式的连词。

在段落结构上，英文和中文的差异也同样突出。西方写作倾向于线性逻辑，这种结构在文章的每个段落中都非常明显：一般从一个明确的主题句开始，随后详细阐述，确保主题句和段落内容的一致性。这种模式强调直接性和预测性，读者可以快速抓取每段内容的核心思想。而中文写作往往采用螺旋式递进的方法，善于在段落中设置悬念，逐渐铺开

论点，直到段落的最后才显露核心主题，这样的结构让读者在阅读过程中不断深入，层层递进，享受逐步揭晓主题的阅读乐趣。在写作教学中，认识这些文化差异并将其融入教学内容，是提高学生跨文化写作能力的关键。

三、文化自信背景下英语写作教学改革的原则

（一）循序渐进原则

在英语写作教学的实践中，融入文化自信的教学原则尤为重要，其可以保证学生在学习外语的同时，增强对自身文化价值的认同，如图5-2所示。

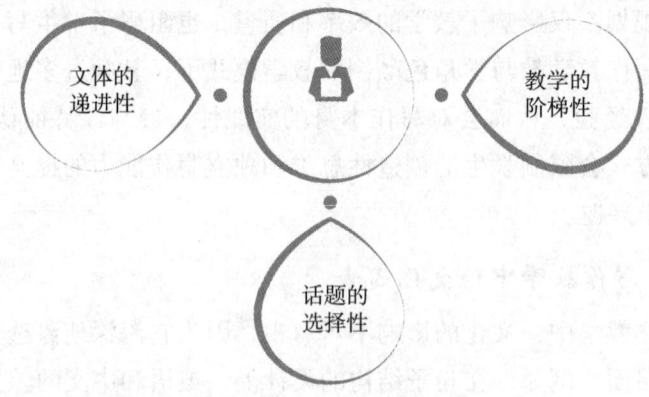

图5-2　英语写作教学循序渐进原则的内容

1.教学的阶梯性

教学应当按照能力阶梯逐步推进，从最基本的语言单元至复杂的篇章结构。初始阶段，学生应专注于构建坚实的句子基础，通过句型转换、同义句写作等方式加强语感训练。随着能力的提升，教师应逐步引导学生进行段落扩展，最终达到完整文章的撰写。在此过程中，教师应重视本土文化元素的融入，鼓励学生以自己的文化视角来审视和表达英语材料，这样的做法不仅能增强学生的文化自信，还能让他们在国际交流中更自如地展示中华文化的独特魅力。

2. 话题的选择性

英语写作的话题选择应贴近学生生活，从熟悉的文化背景开始，逐渐引入更广阔的国际视野。早期阶段，教师可以引导学生描述熟悉的中国传统节日、习俗或本土故事，这不仅能够激发学生的写作兴趣，还能加深他们对本土文化的理解和自信。随后，可逐步涉猎国际话题，鼓励学生从中华文化的角度对话全球议题，展现文化自信与全球视野并重的思考。

3. 文体的递进性

在写作文体的选择上，应从简单到复杂，逐步引导学生体验和掌握不同的写作风格。起始可以是简单的记叙文，随后过渡到描述文、说明文，最后挑战议论文的写作。每种文体的训练都应融入中华文化元素，如在记叙文中描写中国节日，在议论文中讨论中国的社会变迁，这样能够让学生在学习英语写作的同时，学会如何用英语向世界介绍中国故事，建立起跨文化交流的桥梁，增强文化自信。

（二）恰当性原则

教学的恰当性原则要求写作任务既要吸引学生参与，也要与学生的语言水平和文化背景相匹配。在设计写作任务时，教师应基于学生的生活经验和文化认知来设置话题，鼓励他们通过写作表达对于本土文化的理解和评价。例如，教师可以引导学生撰写关于中国传统节日的作文，或是与中华文化相关的国际事件的反思。这种做法不仅激发学生的写作热情，也是他们展示文化自信的平台。同时，任务的设计应鼓励学生学习新的词汇和句型，但又不至于过难，避免学生产生挫败感，从而逐步提高其语言能力。教师应密切关注学生的反馈，以确保写作任务既具挑战性，又不超出学生的能力范围，同时增强他们对中华文化的自信心。

（三）多样性原则

多样性原则强调教学方法和表达方式的多样化，这对于培养学生的创造性思维和表达能力极为重要。在教学过程中，结合中华文化特点的多样化教学方法，如角色扮演写作、历史事件重构、比较不同文化的差异等，可以大大提高学生的学习兴趣和文化自信。在表达方式上，鼓励学生采用多种文体、修辞手法和视角来阐述观点，反映中国的文化多样性和复杂性。学生应学会如何将中华文化的精髓和语言技巧相结合，以丰富多彩的表达方式讲述中国故事。多样化的写作训练不仅能够弥补学生在写作过程中的不足，还能提升他们在不同文化交流中的适应能力和自信心，最终能够让他们的文章更加生动、有趣，易于吸引读者。

四、文化自信背景下英语写作教学改革的实践

（一）多技能综合教学法

在英语写作教学中，综合教学法是一个将听、说、读、写技能相融合的教学策略，这种方法能够全面提升学生的语言运用能力，并在此基础上植入文化自信的教育理念。

1.听写与文化内涵的积累

在综合教学中，听写不仅是对英语语言输入的练习，更是一个对文化素材积累的过程。通过精心选择包含中华文化元素的听力材料，如中国民乐演奏、中英对照解读中国诗词等，教师可以引导学生在练习听写的同时，吸收和理解中华文化的内涵和美学特色。通过听后笔述或复述，学生可以自由地将听到的文化信息转化为自己的语言，这不仅增强了学生的语言组织能力，更激发了他们对中华文化的自豪感和自信心。

2.口头表述与文化自信的培养

说写结合的过程中，教师可以通过模拟讨论中国历史故事、重大文化事件、中国成语故事等方式，让学生在练习口语表达的同时，深入了解中国的文化背景。这种练习不仅仅是对学生语言技能的锻炼，更是对其文化自信的培养。学生在表达过程中不仅学会了如何用英语组织和表述思想，同时学会了如何向他人介绍和解释中国的文化特色，从而增强他们的文化自信和身份认同。

3.阅读与文化传承的结合

读写结合在综合教学中起到了桥梁的作用，不仅增强了学生的语言

输入，更加深了他们对文化的理解和传承。教师可以选取蕴含中华优秀传统文化的英文读物，如《孙子兵法》的英译本、中国神话故事的英文版等，来加深学生对中国古代智慧和文学的认识。在此基础上，学生在写作中不仅能够使用丰富的语言素材，更能在全球视野下表达对中华文化的理解和自信，这样的练习让他们在使用英语的同时，成了中华文化的传播者。

（二）语块教学法与文化理解的融合

语块教学法侧重于让学生掌握可以在多种情境中使用的固定表达，帮助他们进行更加流畅和自然的英语写作。在此基础上，结合文化自信，教师可以选取包含中国元素的语块，如中国成语的英文表达方式、"一带一路"相关词汇的语块等，使学生在掌握语块的同时，能对这些具有中国特色的词汇和表达方式有深入的了解。例如，当教学涉及"家和万事兴"这一成语时，教师不仅要教授其英文表达"Harmony in the family leads to prosperity in all affairs"，同时要解释其深层的文化含义和来源，增强学生用英语传播中华文化的能力，从而在写作中表现出文化自信。

（三）阅读促进写作法与文化积淀的结合

阅读促进写作法强调通过大量阅读来丰富学生的写作素材和提高其写作能力。教师可以指导学生阅读那些融合了中国和西方文化视角的英文材料，如介绍中国传统节日、历史人物或现代中国社会发展的英文文章。在这一过程中，学生不仅学到了丰富的语言表达和写作技巧，更重要的是，他们也加深了对中西文化差异的理解和对中华文化的自豪感。例如，阅读关于中国春节这一传统节日的英文描述，学生不但能学习到如何用英文描述节日，还能在写作中展现出对中华优秀传统文化的理解和尊重。在此基础上，学生在写作时更能够从国际视角出发，展现中华文化的魅力，体现出文化自信和全球意识的融合。

第五节　文化自信背景下大学英语翻译教学的
改革与发展

一、翻译教学的内涵和意义

《大学生英语课程教学要求》指出，大学生应该掌握的五项基本英语技能包括听、说、读、写、译；在实际的英语教学过程中，英语的听、说、读、写技能的培养更受到重视；现如今，随着时代的发展和社会的进步，英语翻译技能越来越受到人们的重视，因此，高校和教师应了解英语翻译教学的重要性。

1.外语学习的重要助力

英语翻译教学在近年来的外语教育中已显现出其不可替代的价值。虽然传统的语法翻译法曾受到质疑，人们倾向于采用更加直接和实用的听说法，但翻译作为一种学习手段，其深刻的语言对比和分析能力是其他方法无法替代的。通过翻译，学生能够在两种或多种语言之间建立桥梁，深入剖析语言结构，理解和掌握词汇、语法的细微差别和应用规则。这不仅加深了他们对外语的认识，还增强了他们运用语言解决问题的能力。翻译教学能够帮助学生从宏观和微观两个层面全面把握语言，使他们在语言运用上更加得心应手，从而提升他们的外语水平和综合应用能力。

2.交际能力的提升工具

翻译不仅仅是学习外语的一种方式，更是一种强大的交际工具。对于学习外语的人来说，能够利用翻译来沟通和表达是一种极其重要的能力。在现实生活中，无论是政治、经济还是文化交流，都涉及了不同语言之间的沟通，这就需要翻译来作为桥梁，传递信息，促进理解。特别是在那些涉及专业术语或复杂表达的场合，专业的人工翻译更是不可或缺。通过系统的翻译教学，学生不仅能够学习到翻译的技巧和方法，还能够提升他们的跨文化交际能力，更好地在国际舞台上发挥自己的作用。

3. 文化交流的推动力量

翻译在促进不同文化之间的交流和融合中起着关键性的作用。语言和文化的多样性使得人类社会更加丰富多彩，但同时带来了沟通的障碍。翻译像一座桥梁，连接着不同的语言和文化，使它们能够相互理解和欣赏。通过翻译，不同国家和民族的人们能够分享彼此的智慧和经验，学习对方的先进技术和文化成果，推动人类社会的共同进步。在这个过程中，翻译教学发挥了至关重要的作用，它不仅培养了一大批优秀的翻译人才，也促进了学生对不同文化的理解和尊重，增强了他们的全球公民意识，为建设一个和平、包容、共赢的世界做出了贡献。

二、文化自信背景下英语翻译教学改革的必要性

（一）英语翻译教学问题分析

在当今的高等教育体系中，英语翻译教学面临被边缘化的问题，这与翻译行业对于专业翻译人才日益增长的需求形成了鲜明的对比。尽管翻译工作需要学生掌握扎实的语言技能、丰富的文化知识和敏锐的语境理解能力，但高校中关于翻译技能培养的专业课程设置不足，且课程内容往往未能针对市场需求和学生实际能力进行有效的个性化调整，忽略了翻译实践的重要性。

（二）翻译教学中的文化因素

在大学英语翻译教学中，文化因素是影响学生翻译能力的一个重要方面。下面，本书详细探讨了三个关键的文化因素。

1. 文化意象与隐喻的差异

文化意象和隐喻是各种语言中独具特色的表达方式，往往深深植根于特定文化的土壤中。例如，英语中常用的动物隐喻 "as busy as a bee"（忙如蜜蜂）在中文中也有类似表达"勤劳如蜜蜂"。然而，并非所有的隐喻都能在不同语言中进行准确对应。如英文中 "to hold one's horses"

（耐心等待），直译为中文可能导致意义不明。因此，在翻译教学中，教师需要让学生了解并适应这些文化隐喻的差异，培养学生进行文化适应性翻译的能力，而不是仅仅停留在字面翻译上。

2. 节日与习俗的文化特定性

节日与习俗反映了一个国家和民族的文化特色，翻译时需要特别注意文化内涵的传达。例如，"Thanksgiving"（感恩节）是西方特有的节日，在中国并没有直接对应的节日。在翻译与此相关的文本时，如果仅仅译为"感恩节"而不加以解释，中国读者可能无法完全理解其文化背景和庆祝方式。翻译教学需要注重对此类节日背后文化的介绍，以确保翻译工作能够让目标语言的读者准确把握原文的文化内涵。

3. 价值观念与道德标准的差异

不同的文化有着不同的价值观念和道德标准。例如，英语国家普遍推崇个人主义、自由竞争等价值观，而东方文化如中国则更加强调集体主义和社会和谐。这种价值观的差异在翻译教学中同样需要得到重视。例如，西方文学作品中常常表现个人英雄主义，如果直接翻译为中文，可能需要在译文中加以适当的文化解码，使得中文读者在尊重原文的同时，能够理解和接受这样的价值观。

三、文化自信背景下英语翻译教学改革的原则

在当前的英语翻译教学改革中，重视经验普遍性、重点与过程相结合以及强调实践性原则是重要的教学策略。同时，文化自信在这一过程中起着关键的促进作用。

（一）普遍性原则

普遍性原则的实施不仅仅是对普遍现象的总结，而是一种指导性原则，让学生在实践中形成新的理解与经验，并在此基础上进行不断的自我修正和完善。这一原则的应用要求教师具有开放的视野和包容性，能够认识到文化差异在翻译实践中的重要性，并将之作为一种宝贵的资源。在这一原则下，文化自信的培养显得尤为重要。例如，在教学中，教师

不仅要传授英语国家的文化背景知识，也应该注重介绍中华文化的独特性与价值。例如，当翻译与中国传统节日相关的文本时，教师应该引导学生不仅准确理解西方读者的预期阅读感受，同时要能够自信地传递中国节日的文化内涵，让外国读者感受到中华文化的魅力。

（二）精讲多练，关注过程原则

翻译技能的教学不应简单遵循传统的"填鸭式"教育模式，而应更多地侧重于学习过程本身，使学生在多次实践中熟练掌握翻译技能。为此，翻译教学中的"精讲多练"原则需要与学生翻译实践的过程紧密结合。例如，教师在讲解某一翻译技巧时，应结合具体的翻译实例，并鼓励学生就这些实例进行模拟练习。此外，这种练习不仅限于课堂，还应通过线上平台等多种方式延伸到课外。重视过程意味着在学生进行练习后，教师需进行详尽的反馈，帮助学生理解其错误，并指导他们如何改进。这一点对于文化自信的建立也很重要。学生在学习过程中应不断强化对自身文化的了解和自信，将其融入翻译实践，使翻译作品既符合目标语言习惯，又不失源语言文化的精髓。

（三）实践性原则

实践性原则要求翻译教学与实际翻译工作紧密结合，这样可以使学生在真实的语境中体验和理解翻译活动。为此，教学改革需要为学生提供更多的参与实际翻译工作的机会，如实习、项目合作等。在这种实践中，文化自信的培养同样不可或缺。学生应该被鼓励去发掘和展示中华文化的独特魅力，并在翻译中准确传达。例如，在翻译中国古诗词时，学生不仅要传递其字面意义，还要能够捕捉并表达诗词中蕴含的中国哲思和美学精神。通过在实际翻译活动中的不断实践和探索，学生能够更加自信地将中华文化介绍给世界，同时会在文化交流中促进自我成长和技能提升。

四、文化自信背景下英语翻译教学改革的实践

（一）增加中华文化内容比重

在英语翻译教学改革的过程中，必须突出中华文化的地位，并将其融入教学体系。一方面，这是为了纠正长期以来中华文化在教学中被边缘化的现象，另一方面，也是为了增强学生的文化自信，让他们在国际交流中能够更好地传递中华文化。

教师需要从课程内容的设计上给予中华文化以足够的支持。传统高校的翻译课程往往侧重于外语文化的传授，而忽略了中华文化的传播，这导致了学生在对外翻译时无法准确表达中华文化的细微差异。为此，教师应在教材编撰和课程设计中做出相应的调整。例如，将中国的节日、传统艺术、文学作品、哲学思想以及当代中国的社会发展等内容纳入教学材料中。在教学过程中，除了简单的语言翻译，还要深入挖掘这些材料背后的文化内涵，并引导学生将这些内容传达给外国受众。通过这种方式，学生在学习英语翻译的同时，能加深对中华文化的理解和认同，从而在翻译实践中展现出强烈的文化自信。

教学方法的改革也要注重提升学生的文化转换能力。英语翻译不仅是语言的转换，更是文化的传递。因此，翻译教学应该注重培养学生的跨文化交际能力，使他们能够在不同文化之间进行有效的沟通和翻译。教师可以采用案例教学法，选取一些具有中国文化特色的翻译实例，如对"丝绸之路""茶道""中医药"等典型中国元素的翻译处理。在这一过程中，教师指导学生分析不同文化背景下的语言表达方式和思维习惯，培养学生的文化敏感性和适应性。此外，教师还可以利用角色扮演、模拟翻译等互动教学方式，让学生在模拟的翻译场景中练习如何将中华文化准确、生动地介绍给外国受众。这种教学方法能够有效提升学生的文化自信，使他们在未来的翻译实践中能够自信地面对文化差异，展现中华文化的独特魅力。

（二）丰富中华文化渗透方式

要将英语翻译教学真正深入学生内心，使英语翻译教学不仅仅可以传授语言知识，还可以培养学生的文化自信。在此基础上，教师要不断探索和创新中华文化在翻译教学中的渗透方式。

在英语翻译教学的第一阶段，教师应注重采用互动性和参与性强的教学手段。通过组织形式多样的活动，如让学生准备关于中国四大名著的演讲，或者自己编写一段关于中国茶文化的英文短剧，学生可以在活动中充分展示自己对中华文化的理解。这不仅仅是对中华文化知识的传授，更是对学生演讲、表演能力的提升和文化自信心的培养。例如，学生可以用英语讲述"孟母三迁"的故事，并解释其背后的教育理念，这样的实践能够有效增强学生对中华文化的认同和自豪感。

在第二阶段的教学中，教师可以运用现代教学技术，如多媒体技术，让学生在欣赏含有英文字幕的中华文化短片后，尝试自行翻译并对其进行再创作，这样的方式既锻炼了学生的语言表达能力，又增强了其对文化元素的敏感度和理解力。在此基础上，教师还可以引入任务驱动教学法，让学生分组进行中国节日与西方节日的比较研究，并用英语撰写一篇对比分析报告。这种方法能使学生在比较中认识中华优秀传统文化的独特魅力，从而提高其传播中华文化的能力和信心。通过这样的教学模式，学生不仅学会了如何将中华文化用英语精准表达，还从内心深处建立起了文化自信，为将来成为中华文化的传播者打下了坚实的基础。

（三）提升中华文化输入的系统性与趣味性

提升高校英语翻译课堂的质量，应当遵循以学生为中心的教学理念，设计出一个将中华文化和英语翻译技能相融合的教育体系。教学内容应当具备趣味性，从而唤醒学生对中华文化的好奇心和探索欲。例如，引入影视作品的观赏与分析，不仅可以让学生在轻松愉快的氛围中学习语言，还可以通过情景再现让学生身临其境地感受中华文化的独特韵味。情景教学法能够营造出一个真实的语境，让学生通过角色扮演等活动，在动态的交流中提升快速翻译和即时反应的能力。例如，学生可以模拟在国际会议上介绍中国春节的场景，通过这种方式，他们不仅能学习如何准确传达文化信息，还能在此过程中增强文化自信。

在英语翻译教学的策略上，教师要制定细致、全面的教学大纲，确保课程内容既覆盖翻译技巧，又不失中华文化元素的渗透。教学材料的选择和课时的分配要精心规划，以确保学生能在系统学习中不断提高翻译能力。此外，应当建立一个全方位的评价体系，激发学生对翻译学习的热情，为他们提供自我展示的平台。例如，组织综合翻译竞赛，让学生在真实的翻译场景中施展才华，同时让评价过程公正、透明，确保每个学生都有机会得到公正的反馈和鼓励。通过这样的教学方法，学生不仅能够提高英语翻译技能，而且在深入学习中华文化的过程中，还增强了对母语文化的理解和自信，为成为未来中华文化的传播者打下了坚实的基础。

第六章　文化自信背景下大学英语教学评价的改革与发展

第一节　文化自信背景下学生评价的改革与发展

一、学生评价的概念与内涵

(一) 学生评价的概念解析

1.学生评价是特殊的认知活动

学生评价作为一种特殊的认知活动，它不仅是对事物价值的一种判断，更是对世界价值观的揭示和构建。在大学英语教学中，学生评价就是这样一种认知过程。它不仅反映了学生对教学内容、方法和效果的认识和判断，也体现了学生对优质英语教学的期望。通过对学生评价的深入分析，教师可以了解学生的需求，掌握自身教学的优势和不足，从而更好地调整教学策略，提高教学质量。

2.学生评价是信息搜寻和决策的辅助工具

学生评价在大学英语教学中扮演着信息提供者的角色。它通过系统地搜集和分析学生对教学的反馈，为教师提供了一种科学的决策依据。这种评价方式强调了学生评价在教学决策中的重要性，帮助教师更合理地选择教学方法，提高教学效果。教师需要认识到，学生评价并不等同于教学研究。它们在目标和价值取向上存在着本质区别。教学研究追求知识的探索，而学生评价更侧重于对教学实践的指导和改进。

3.学生评价是实际表现和预设目标之间比较的过程

在大学英语教学中，学生评价是一种将学生实际表现与预设目标进行比较的过程。它关注教学结果，通过对比学生的实际表现和预期目标，发现教学中存在的问题，为教学改进提供方向。这种评价方式强调了评价内容和评价方法的科学性和合理性，但它存在一定的局限性。它过分强调教学结果的重要性，而忽视了教学过程的作用。因此，在实施学生评价时，教师需要充分考虑教学过程的因素，将评价的焦点从单一的教学结果转移到教学过程和教学结果的综合评价上来。

4.学生评价是专业判断的过程

学生评价是一种专业判断的过程，它考虑了教师的主观性影响。在大学英语教学中，学生通过自己的判断，对教学进行评价，教学的效果。这种评价方式突出了教师主观性的作用，认识到学生评价不仅是一种客观的判断过程，更是一种主观和客观相结合的复杂过程。在实施学生评价时，教师需要注意平衡教师的主观判断和客观标准的关系，确保评价的公正性和准确性。

（二）学生评价的特点分析

1.学生评价的多维性和全面性

学生评价是一种综合性的评价活动，它不仅关注学生的学业成绩，还包括学生的思想品德、个性等多个方面。在大学英语教学中，这种全面评价的理念尤为重要。教师不能单纯地通过学生的考试分数来评判其英语水平和学习效果，还需要关注学生的参与态度、学习方法、思维能力等多个维度。只有这样，教师才能更准确地了解学生的真实水平，更科学地指导教师教学，帮助学生全面发展。

2.学生评价的标准性和客观性

学生评价必须建立在一定标准的基础上，这样才能够确保评价过程的客观性。在大学英语教学中，这意味着教师需要制定清晰、合理的评价标准，确保评价的准确性和公正性。评价标准应该综合考虑学生的语言能力、思维能力、学习态度等多个方面，不能片面强调某一方面。在评价过程中，教师要尽量消除主观因素的干扰，确保评价结果能真实反映学生的实际水平。

3.学生评价的基础性和核心地位

学生评价是教育评价的基础，是学校评价体系的核心部分。在大学英语教学中，学生评价的地位同样至关重要。它直接关系到大学英语教学质量的评判，关系到学生能否得到科学、公正的评价。因此，教师必须高度重视学生评价工作，不断完善评价体系，提高评价的科学性和有效性，确保学生评价真正发挥其应有的作用。

二、文化自信背景下学生评价改革的重要意义

（一）有利于提升教师的教学能力

1.根据学生反馈优化教学内容，体现文化自信

在教学过程中，教师获取学生的反馈并据此调整教学计划是提升教学效果的重要手段。在文化自信背景下，这一过程不仅是教学方法的优化，更是将本土文化元素融入教学内容的一个重要契机。教师可以根据学生的反馈，发现他们感兴趣的文化内容，需要更深入解释和讨论的内容。这样，教师就能够更有针对性地将本土文化元素融入教学，帮助学生在学习语言的同时，更好地理解和欣赏自己的文化，从而培养学生的文化自信。

2.提升教学水平，展现文化自信的力量

学生评价不仅是对学生学业成绩的一种反馈，更是对教师教学水平的一种检验。在文化自信背景下，教师通过学生评价可以发现自身在传授文化知识和价值观方面的不足，进而不断提升自己的教学水平。这不仅能增强学生对本土文化的认同感和自豪感，还能通过教师的示范作用，

展现本土文化自信的力量。当教师能够自信地、熟练地将本土文化元素融入教学，使其成为学生喜闻乐见的内容时，文化自信的力量便得以充分展现。

3.建立信任，弘扬本土文化

在文化自信背景下，学生评价对于拉近教师和学生间的距离、优化教学环境具有不可忽视的作用。通过开展公正、合理的评价活动，教师能够及时发现和解决教学中的问题，更好地满足学生的学习需求，增强学生对教师的信任感。在这个过程中，教师不仅能够传授语言知识，还能够将本土文化融入教学内容中，让学生在学习语言的同时，深刻体会本土文化的魅力，增强对本土文化的认同感。这样的教学环境有助于营造一种积极向上、充满文化自信的学习氛围，促进学生全面发展。

4.积累教学经验，推动文化传承

学生评价不仅能帮助教师更好地了解学生，还能为教师提供宝贵的教学经验，推动教学研究的深入发展。在文化自信背景下，学生评价的重要性更加突出。教师通过反思和总结学生评价中获得的信息，不仅能够不断提升自己的教学水平，还能够在教学中更好地传承本土文化。教师可以将本土文化的元素和价值观融入教学内容中，让学生在学习语言的同时，感受文化的力量，增强文化自信。这样的教学活动不仅有助于提升学生的语言水平，还有助于使本土文化得到更好的传承和发展。

（二）有利于提高学生的学习能力

1.增强学习深度，激发创新意识

在文化自信背景下，学生评价改革对大学学生英语学习的深度和学生的创新意识具有积极的促进作用。学生评价改革鼓励学生在学习的过程中不满足于表层语言知识的掌握，更注重语言背后文化的理解和思考。这种深度学习能够帮助学生建立更加扎实的语言基础，同时激发他们探究未知、不断创新的意识。当学生能够将自己对文化的理解和认同融入英语表达中时，他们的语言将更加丰富多彩。

2.提升学习成效，培养文化自豪感

在文化自信背景下，学生评价改革对于提升学生的学习成效和培养文化自豪感同样重要。通过对学生评价结果的学习，学生不仅能够清晰地感受自己在英语能力上的提升，还能够体会自己在文化理解上的进步。这种改变能够极大地增强学生的自信心，激发他们对本土文化的自豪感。当学生认识到自己的文化具有独特魅力时，他们将更加自信地在英语学习和使用中展现本土文化，形成积极向上的文化传播力量。

3.提升文化认同，促进个人成长

在文化自信背景下，英语学生评价改革对于大学学生的重要意义体现在提升文化认同和促进个人成长方面。教师通过改革学生评价体系，引导学生在英语学习过程中不仅关注语言技能的提升，更注重文化素养的培养。学生通过对自身学习的深度反思，能够认识到自己在文化理解和运用方面的不足，从而主动寻求提升。这种自我提升不仅体现在英语能力上，更体现在对本土文化的理解和认同上。随着学习的深入，学生能够更加自信地将本土文化元素融入英语交流中，这样既能展现文化自信，又能促进个人全面发展。

三、文化自信背景下学生评价的改革与创新

（一）增强自我认识，培养文化自信

在文化自信背景下，学生评价改革应首先关注增强学生的自我认识和培养他们的文化自信。通过对学生在英语学习中各个方面的全面评价，教师帮助学生认识自己在语言能力、文化理解等方面的不足和优势，引导他们建立对自己的准确评价。教师将中国的文化元素融入英语教学和评价中，使学生在学习英语的同时，能够加深对本土文化的理解，从而培养学生对中华文化的自信心。

（二）优化学习策略，融入文化教育

学生评价改革还应注重优化学生的学习策略，并将文化教育融入英

语教学中。在对学生的课堂参与、课后练习和小组讨论等方面进行评价时，教师引导学生根据自身的学习情况选择最有效的学习方法，并鼓励他们将中华文化的元素引入学习材料和讨论话题中。这样不仅能够提高学生的英语水平，还能增强他们对中华文化的了解，促使学生在学习英语的过程中，能够增强文化自信。

（三）激发学习动力，树立文化自豪感

在文化自信背景下，学生评价改革应致力于激发学生的学习动力，并帮助他们树立文化自豪感。学生评价能够对学生学习成果进行客观公正评价，通过了解这些评价结果，学生能够清晰地认识到自己在英语学习中取得的进步，也能够认识到中华文化在国际交流中的独特价值。这种认识将激发学生继续学习的热情，增强他们的自信心，使他们在学习英语的同时，能够为自己是中华民族的一分子而感到自豪。这种自豪感将转化为学习动力，推动学生更加努力地学习英语，提高自己的语言水平和文化素养。

（四）实现家长在线参与，增强教育透明度

学生评价改革应积极利用现代信息技术，鼓励家长在线参与学生的学习过程。教师可以利用计算机或手机应用将学生的在线学习情况实时分享给家长，提高教育的透明度，让家长更直观地了解孩子在学校的真实表现。这种在线参与不仅让家长能够时刻关注孩子的学习状况，还能增强家长对学校教育的信任感。教师可以在这个过程中融入中国传统文化的元素，通过具有中国特色的教学内容和教学方法，培养学生的文化自信。

（五）共享教学资源，打造共学共进的环境

学生评价改革还应注重共享教学资源，打造一个便于家长、教师和学生共学共进的环境。教师可以将优质的教学视频和教学资料上传到云端的班级空间，方便家长随时观看和学习。这不仅有助于家长更好地辅导孩子的学习，还能让家长自己受益其中，形成一种家校共育的良好氛围。在这个过程中，教师可以注重将中华文化的元素融入教学内容中，

通过丰富多彩的文化教育活动，增强学生对中华文化的认同感，培养他们的文化自信。

（六）利用网络直播，增强互动和监督

随着网络视频教学模式的兴起，家长可以利用网络直播的方式，与孩子一同参与在线学习。这种方式不仅方便家长随时了解孩子的学习状况，还能增强家长和孩子之间的互动，教师和家长共同监督孩子的学习进度，使学生学习时形成一种积极向上的学习氛围。在这个过程中，教师可以注重融入中华文化的元素，通过生动有趣的文化故事和案例，激发学生对中华文化的兴趣，培养他们的文化自信，从而在学习英语的同时，能够增强对自身文化的认同感和自豪感。这种文化自信将转化为学习动力，推动学生更加积极地参与学习，不断提升自己的语言能力和文化素养。

四、文化自信背景下学生评价的未来发展

在文化自信背景下，大学英语教学中学生评价的未来发展可以朝着以下几个方向进行。

（一）多元化评价体系

在未来的教育环境中，学生评价体系将更加注重多元化。除了传统的测试外，学生评价方式将更加丰富，包括平时的课堂表现、小组讨论、创意写作、口头报告等多种形式。这种多元化的评价体系有助于全面衡量学生的英语能力，而不是局限于书面考试的成绩。这种评价方式也能够激发学生的学习兴趣，促使他们在不同的方面都取得进步，更好地培养他们的综合素质和实际应用能力。

（二）过程性评价

未来的学生评价将更加重视学习过程，而不是单纯地关注最终结果。这意味着教师需要密切关注学生在学习过程中的表现，及时发现他们的不足之处，并给予针对性的建议。这种过程性评价能够帮助学生更好地

理解学习材料，提高他们的学习效率。它也鼓励学生积极参与学习过程，培养他们自主学习的能力和解决问题的能力。

（三）文化融入评价

在文化自信背景下，未来的学生评价将更加注重中华文化的融入。这不仅意味着教师在英语教学中加入更多与中华文化相关的内容，也意味着教师在评价学生时考虑他们对中华文化的理解和运用能力。通过这种方式，学生不仅能够提升他们的英语水平，也能够增强他们对自身文化的认识，从而培养出具有国际视野和文化自信的人才。这种评价方式有助于促进文化交流，为学生未来的发展打下坚实的基础。

（四）信息技术支持

随着信息技术的不断发展，未来的学生评价将更加高效和科学。大数据和人工智能等先进技术的应用，使教师能够通过对大量学习数据的分析，更准确地把握学生的学习状态，了解他们的强项和弱项。这不仅提高了评价的准确性，还大大节省了教师的时间和精力，使他们能够更加专注于教学和学生个性化指导。例如，通过学习管理系统收集学生的学习数据，教师可以实时了解学生的学习进度，及时发现问题并给予帮助。信息技术还为学生提供了丰富的在线资源和学习工具，帮助他们自主学习，提高学习效率。

（五）反馈与激励并重

在未来的学生评价中，反馈和激励将发挥越来越重要的作用。学生评价的目的不仅是为了发现学生的不足，更重要的是要通过及时、具体、积极的反馈，帮助学生认识到自己的问题，明确改进的方向。在这个过程中，激励机制的作用不可忽视。通过设置合理的奖励和表扬制度，这些制度和奖励能够增强学生的成就感和满足感，激发他们的内在动力，使他们更加积极主动地参与学习。比如，对于表现优异的学生，除了给予学分和等级的奖励外，教师还可以提供更多的学习资源和学习机会，如参加高级课程、参与科研项目等，这样能够激发他们不断追求卓越的动力。

第二节　文化自信背景下教师评价的改革与发展

一、教师评价的概念与内涵

在大学英语教学中，教师评价是指通过对大学英语教师专业能力和在教学活动中的表现情况进行系统的评价，以此来判断教师的教学效果和专业水平，并为教师的职业发展和教学水平的提升提供科学的建议。

此定义强调以下几个核心要点。

（一）教师评价的内容

教师评价的内容包括两个方面。一是教师的个人素质，二是教师在教学活动中的行为表现。

在进行教师评价时，均衡地考量教师的个人素质和教师在教学活动中的具体表现是至关重要的。教师的素质为其教学活动提供了坚实的基础，但仅凭教师的个人素质的高低并不能完全确保其教学效果的优良。在教学实践中，表现突出的教师展示了其在工作中的努力和奉献，但这并不意味着他们就一定具备高水平的个人素质。教师评价应该全面考量，既注重教师的内在素质，也重视其在实际教学中的表现和成效。

（二）教师评价的基础

教师评价的基础是测量，在测量的基础上进行评判，评判的目的是给教师提供改进建议。

在教师评价的过程中，测量和评判是两个关键环节。测量是通过科学的方法，对教师的各项指标进行全面的信息收集、系统的整理和深入的分析，最终得出客观的评价结果。评判是在测量的基础上，对教师的个人素质和教学效果进行全面的评价，目的是提供有助于教师职业发展和教学质量提升的建设性建议。教师评价的最终目标是推动教师的成长，而非进行简单的比较。因此，教师评价与传统的教师考核或教师评比有着本质的不同，其主要目的是服务教师的专业成长和教学水平的提升，而非施加奖惩。

二、文化自信背景下教师评价改革的重要功能

在文化自信背景下，大学英语教学的教师评价改革具有以下几个重要的功能，如图 6-1 所示。

图 6-1　文化自信背景下教师评价改革的重要功能

（一）管理功能

在文化自信背景下，教师评价改革成了推进教育事业发展的重要手段。它不仅是对教师工作价值的一种评价，而且是一种全面的管理过程。这种管理不仅包含对教师个人职业发展的引导和支持，也涉及更好地融入本土文化和价值观的方法，使教学更贴近学生的实际需要和文化背景。对于英语教学来说，这意味着教师在教授语言知识的同时，需要传授相关的文化知识和价值观，培养学生的文化自信。这样的评价机制将更有助于学校对师资队伍进行科学管理，提高教学质量。

（二）判断功能

文化自信为教师评价提供了新的价值取向，强调教师评价不仅是对教师教学行为的一种判断，更是对其文化教育价值的认可。在英语教学中，教师不仅要教授语言知识，更要引导学生认识中西方文化的差异，培养学生对本土文化的坚定信心。这要求教师评价机制能够灵活地适应不同地区和不同学生的特点，注重评价的针对性和实用性，真正发挥判断功能，促进教师专业成长和学生文化自信的培养。

（三）导向功能

文化自信的价值取向要求教师评价改革必须强调未来导向，注重培养学生的文化认同感和文化自信心。在这一过程中，教师的角色至关重要。教师评价的导向功能应当指引教师在教学过程中融入本土文化元素，引导学生建立对本土文化的认识。在英语教学中，这意味着教师不仅要传授语言知识，还要在教学内容和教学方法上进行创新，让学生在学习语言的同时，能够感受本土文化的魅力，从而增强其文化自信。这就要求教师评价机制要全面、科学，确保其导向功能的充分发挥，从而推动教学质量的提升和文化自信的建设。

（四）激励功能

在文化自信背景下，教师评价改革的重要功能之一是激励功能，尤其是在英语教学领域。教师评价系统需通过积极的反馈和鼓励性的评价来激发教师的工作热情和创新精神。这不仅能够增强教师对本土文化的自信心，还能引导他们在英语教学中融入文化元素，让学生在学习外语的同时，能够认识自己的文化，并对自己的文化感到自豪。通过强化正效应，教师评价系统能够帮助教师在面对工作挑战时保持积极态度，将可能产生的负效应转化为动力，推动个人水平和教学质量的持续提升。

（五）调控功能

教师评价的调控功能在文化自信背景下尤为重要。它要求教师评价系统能够及时、有效地反馈教师的教学情况，指导他们不断调整教学策略，更好地融入文化元素。在英语教学中，这意味着教师需要不断地调整教学内容和教学方法，使之更符合学生的文化背景和认知水平。这样的调控不仅有助于提升教学质量，也有助于培养学生的文化自信和国际视野，为他们未来在全球化环境中更好地发展打下坚实的基础。

（六）改进功能

教师评价的改进功能在文化自信背景下显得尤为重要。它强调通过教师评价来不断改进教学方法和提升教学质量，满足学生的需求和社会发展的需要。在英语教学中，教师不仅要教授语言知识，还要在教学中融入本土文化元素，培养学生对自身文化的自豪感。这样的教师评价系统能够更准确地指出教师在教学中的不足，帮助教师找到改进的方向，提升教学质量，最终达到培养学生文化自信的目标。通过有针对性的评价和反馈，教师评价系统成为推动教育改革和文化自信建设的重要工具。

三、文化自信背景下教师评价的改革与创新

当前，很多大学仍然使用标准化的英语水平考试作为衡量英语教师教学成果和教学能力的唯一标准，然而这种做法并不是特别符合语言教学和语言学习的规律。在文化自信背景下，教师评价的改革与创新可以从以下几个方面着手。

（一）文化自信与教学目标评价的改革与创新

在文化自信背景下，英语教学目标评价需要将国际化发展趋势和本土文化自信的培养紧密结合起来。教学目标的设定不仅要关注学生国际视角的培养和学生国际视野的开拓，还要注重加强学生对本土文化的理解。通过网络课程和现代信息技术，教师的教学让学生在认识世界的同时，能将本土文化介绍给世界，实现文化的互通。教学目标评价系统需确保英语教学工作者在制定教学目标时，能够平衡国际化和本土化的需求，强调学科知识的更新，注重学生学习能力和认知能力的培养，以及根据教学改革和教学发展的实际需求调整课程结构。教学目标评价应以培养学生的跨文化意识和跨文化交际能力为核心，促进学生在全球化背景下的发展，同时强化他们对本土文化的自信。

（二）文化自信与教学内容评价的改革与创新

在文化自信背景下，教学内容评价不仅要求英语教学内容的设计科学合理，还要求其能够体现和弘扬本土文化。在选择和编制教材时，教师应确保教材内容既有完整的学科知识体系，又能反映本土文化的特色和魅力，使学生在学习语言的同时，能更好地了解和认识本土文化。教学内容评价系统应关注教学设计将教学内容与学生的生活实践联系起来

的程度，激发学生学习的兴趣并培养其综合语言应用能力的效果。教学内容评价还需考虑学生的身心发展特征，确保课程教学内容符合学生的发展规律和语言认知规律。通过分层教学和因材施教，教师的教学能够满足不同认知水平学生的学习需求，促进每个学生英语能力的提升，同时加深他们对本土文化的认识。

（三）文化自信与教学环节评价的改革与创新

在文化自信背景下，英语教学环节评价不仅要评价教学设计的规范性和教学活动的有效性，更重要的是要评价教学环节融入本土文化元素的有效性，提升学生英语水平的效果，以及与此同时增强学生对本土文化的自信心的程度，具体分析如下。

教学环节评价的改革应该体现对外来文化的尊重和学习。这意味着在评价教学效果时，不仅要关注学生英语能力的提升，更要关注他们对外来文化的认识和理解程度。教学环节评价体系应该是全面的，既包括对学生英语能力的评价，也包括对学生跨文化交际能力和文化认知水平的评价。

在教学环节的设计中，教师应创造性地将本土文化元素融入英语教学中。这不仅是在教学内容中添加一些本土文化元素，教师还要在教学方法和模式上进行创新，通过实际操作让学生在学习英语的过程中感受本土文化的独特魅力和价值。例如，教师可以通过情景模拟、角色扮演等互动性强的教学方法，让学生在实际运用英语的过程中体验和认识本土文化。教学环节的设计需要体现对学生个体差异的尊重。这意味着在设计课程和教学活动时，教师需要根据学生的认知水平和学习特点，提供差异化的教学支持。教学内容和活动的设计要注重培养学生跨文化交际的能力，使他们在学习英语的同时，能够更好地理解和尊重不同文化的差异。

（四）文化自信与教学手段评价的改革与创新

在文化自信背景下，教学手段评价亦需改革与创新，以更好地适应教育发展的需求，并强化文化自信的内涵。

1. 融合传统文化元素

传统文化是构建文化自信的重要基石，教学手段评价不应局限于现代化技术的运用程度上。教师手段评价需要加入对教师在教学中融入和弘扬传统文化的情况的考量，评价教师将传统文化资源转化为教学内容的形式，以及增强学生的文化认同感的效果。这需要教师具备深厚的文化底蕴和创新能力，通过独特而富有文化内涵的教学手段，让传统文化在教学中焕发新生。

2. 借鉴国际先进经验

文化自信并不是封闭和排他的，而是开放包容、博采众长的。在评价教学手段时，学校应当鼓励教师借鉴国际先进的教育理念和教学方法，通过跨文化交流，完善本土教学手段。教学手段评价体系需要反映这一开放和包容的态度，评价教师将国际先进的教学理念和方法融入本土教学实践的手段，形成具有中国特色的教学模式。

3. 创新与适应时代发展

随着科技的快速发展，教学手段不断革新。在文化自信背景下，教学手段评价也应紧跟时代步伐，注重创新和实际效果。教学手段评价体系应包含对教学手段创新性的考核，鼓励教师利用现代技术，如多媒体、网络等，提升教学效果。教学手段评价还应关注教学手段满足现代社会对教育需求的程度，帮助学生解决实际问题的效果，培养教师的创新能力和批判性思维。

4. 强调教学效果

教学手段评价改革的最终目标是提高教学质量和效果。在文化自信背景下，教学手段评价体系应强调教学手段对提升学生的学习兴趣、参与度和成绩的帮助程度。教学手段评价不仅要关注教学手段的现代化程度，更要关注教学手段在提升学生学习效果上的作用。通过科学、合理的评价体系的引导，教师能够不断优化教学手段，提高教学质量。

四、文化自信背景下教师评价的未来发展

在文化自信背景下，教师评价的未来发展方向将会发生显著变化，以更好地适应教育发展的需求和提升教育质量的需要。

（一）注重文化素养和价值观的培养

随着人们对文化自信重要性认识的加深，未来教师评价将更加注重教师的文化素养和价值观。教师评价体系不仅将关注教师的教学技能和学科知识，还将深入评价教师对本土文化的理解程度、对中华文化的传承和发展的贡献，以及他们如何在教学中弘扬中华优秀传统文化，培养学生的文化自信。这需要教师具备扎实的文化底蕴，能够在教学中自然融入文化元素，引导学生建立正确的价值观和人生观。

（二）强化创新和实践能力的评价

在文化自信背景下，教师评价将更加重视教师的创新能力和实践能力。未来的教师评价体系将鼓励教师积极探索新的教学方法，鼓励教师运用现代技术改进教学手段，提高教学效果。教师评价体系也将注重考察教师将理论知识与实际应用相结合的方法，引导学生进行实践活动的措施，培养学生的实际操作能力和解决问题能力。通过这种方式，教师的综合能力将得到全面提升，更好地适应未来社会的发展需求。

（三）倡导全面发展和终身学习

文化自信的内涵不仅包括对传统文化的传承，还包括对个体全面发展和终身学习的倡导。因此，未来教师评价将更加注重教师的全面发展和终身学习。教师评价体系将引导教师关注自身的全面发展，注重知识的更新和技能的提升，培养终身学习的习惯和能力。通过这种方式，教师将能够不断适应教育发展的新要求，更好地履行教育职责。

第三节　文化自信背景下教学管理评价的改革与发展

一、教学管理评价的概念与内涵

教学管理评价是一种系统性的评价方法，它通过对教学过程和结果的细致分析，来提升教学质量，确保教学目标的实现。教学管理评价深刻地体现了教学管理工作的规范性和系统性，不仅注重对教学活动本身的评价，更注重对整个教学管理过程的评价。

（一）全面的评价体系

教学管理评价关注的是教学管理的全过程，这种全面的评价体系要求教师能够覆盖教学活动的每一个环节，从教学计划的制订，到教学活动的组织实施，再到教学过程的监督与控制，都需要进行细致入微的评价。这不仅包括对教学内容、教学方法的评价，还要涉及教学资源的使用、教学环境的优化等方面的评价。这种全面的评价体系可以确保教学活动能够按照预定的计划和目标顺利进行，使教学质量得到有效保证。全过程的教学管理评价也为发现问题提供了依据，有助于教师及时调整教学策略，不断优化教学过程，提升教学效果。

（二）丰富的评价内容

教学管理评价内容的丰富多样体现了教学活动的复杂性和多元性。这不仅包括对课堂教学的管理进行评价，还包括对学校整体教学管理体系、对下属单位如各个学院、部门的教务管理进行综合评价。这就要求教师必须具备广博的知识面和深刻的理解能力，能够从不同的角度、不同的层面对教学管理工作进行全面的评价。只有这样，才能确保教学管理评价结果的准确性，真正发挥教学管理评价的指导作用。

（三）科学的评价指标

科学合理的评价指标是确保教学管理评价效果的关键。这不仅要求评价指标要全面覆盖教学管理的各个方面，还要求评价指标要具有操作性，能够指导实践，引导教学管理工作朝着正确的方向发展。例如，教学计划的制订是否科学合理，教学规章制度是否完善，教学检查是否到位，教学实施是否符合教学目标，教务工作是否规范高效等，都是教学管理评价指标体系中不可或缺的组成部分。通过这些细化的评价指标，教师可以更准确地评价教学管理工作的效果，为教学管理的持续改进和优化提供有力支撑。

二、文化自信背景下教学管理评价改革的重要意义

在文化自信背景下，学校开展教学管理评价改革具有深远的意义和重要的价值。

（一）文化自信强调对本土文化的认同和尊重

这种思想对教学管理评价体系的建设提出了新的要求。传统的教学管理评价往往注重对教学效果的量化评估，而忽略了教学过程中文化因素的影响。在文化自信背景下，教学管理评价改革需要更加注重对本土文化元素的融入和弘扬，将文化自信的理念贯穿于教学管理的各个环节。这不仅有助于培养学生的文化自觉和文化自信，还有助于形成具有中国特色的教育评价体系，推动我国教育事业的独立自主发展。

（二）文化自信为教学管理评价提供了新的价值导向

在全球化的背景下，教育领域存在着多元文化的交流与碰撞，如何在保持开放、包容的同时，坚定文化自信，成了教学管理评价改革需要解决的重要问题。在文化自信背景下，教学管理评价改革要求教师在评价体系建设时，既要借鉴国际先进的教育理念和评价方法，又要坚定文化自信，确立以培养德才兼备、具有国际视野，又深深扎根中华文化土壤中的人才为目标。这样的教学管理评价改革使教学活动更加科学，从而确保教育评价既有利于学生个性发展，又符合国家文化发展的大方向。

三、文化自信背景下教学管理评价改革的方法

（一）融合传统文化与现代教育理念

　　教学管理评价改革在融合传统文化与现代教育理念方面，需要更加注重内容的丰富性和方法的创新性。传统文化不仅是历史的文化遗产，更是现代教育不可或缺的一部分。在教学管理评价体系中融入传统文化元素，意味着教师需要重新认识和评价学生对传统文化的理解和运用能力。这不仅是对学生知识水平的一种检验，更是对他们文化认同感和价值观的一种培养。教学管理评价应当鼓励学生主动学习传统文化，通过多种形式的教学活动，如传统文化讲座、实地考察等，使学生能够更加深刻地理解和体验传统文化的魅力。教学管理评价运用现代科技手段，如大数据分析、人工智能等，对学生的学习过程和教师的教学效果进行实时监测和评估，确保评价结果的准确性和公正性。

（二）加强国际文化交流和融合

　　在全球化背景下，加强国际文化交流和融合对于提升学生的国际视野和提高学生的文化自信具有重要意义。教学管理评价改革需要跨越传统的教育边界，引入更加开放和国际化的教育资源。教师在评价体系中加入对学生国际文化理解和应用能力的评价，鼓励学生积极参与国际文化交流活动，如国际学术会议、留学交流等。通过这种方式，学生能够直接接触和学习国际先进的教育理念和文化知识，拓宽他们的国际视野，增强他们在全球化时代中的竞争力。教学管理评价体系需要注重文化的多元性和包容性，尊重不同文化背景下学生的特点，促进不同文化之间的相互理解和尊重，共同构建一个和谐包容的国际文化交流环境。

（三）注重文化创新和时代适应性

　　在当前文化自信背景下，教学管理评价改革需要更加注重文化创新和时代适应性。大学应当意识到，文化创新是国家发展的重要驱动力，学校作为文化传承和创新的重要场所，必须在教学管理评价体系中体现对创新能力的重视。在这一过程中，教师和学生的创新精神和实践能力

将成为重要的评价对象。教学管理评价改革应当鼓励和支持教师跳出传统教学和评价的框架，勇于尝试新的教学模式和评价方法，将创新融入教学的各个环节。教学管理评价体系本身也应该具有强大的时代适应性，能够快速响应社会发展的新变化、新需求。这就要求大学在构建教学管理评价体系时，不仅要注重其科学性，还要注重其开放性，确保教学管理评价体系始终站在时代的前沿，引导教育资源合理配置，推动教育质量不断提升。

（四）构建开放包容的评价体系

教学管理评价改革在构建开放包容的评价体系方面，需要充分认识文化自信带来的深远影响。教学管理评价体系不仅是对知识和技能的评价，更是对价值观和文化认同的塑造。在这一背景下，大学需要构建一个既能反映中国传统文化价值，又能包容国际文化优秀元素的评价体系。这要求评价体系在设计时就需要充分考虑文化的多样性，尊重每一位学生的文化背景，鼓励学生在保持自身文化特色的同时，积极学习和吸纳其他文化的优秀成果。在教学管理评价过程中，教师应该提倡多元文化的交流和对话，通过各种途径，促使不同文化背景下的教师和学生能够相互理解、相互尊重，共同为构建和谐包容的学习环境和社会环境作出努力。这不仅有助于培养学生的全球视野和文化自信，也有助于推动中华文化在世界多元文化中的积极地位和作用。

四、文化自信背景下教学管理评价的未来发展

（一）强化教师培训

教师作为教学管理评价的重要执行者，他们的专业能力和综合素质直接关系到评价体系的执行效果。因此，学校进行针对性的教师培训显得尤为重要。教师培训的内容应涵盖中华文化的基本知识，让教师能够在教学过程中自然地融入文化元素，引导学生形成文化自信。教师培训还应包括国际化教学理念的介绍，帮助教师拓宽视野，提升他们的跨文化教学能力。

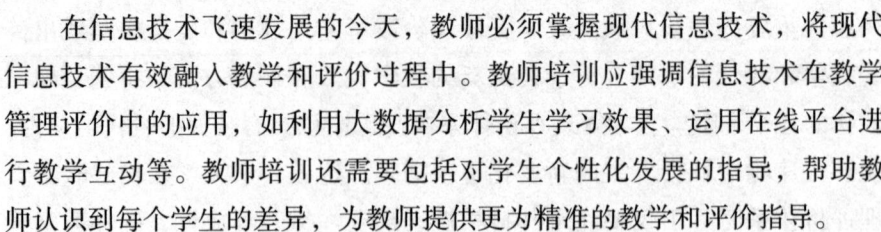

在信息技术飞速发展的今天，教师必须掌握现代信息技术，将现代信息技术有效融入教学和评价过程中。教师培训应强调信息技术在教学管理评价中的应用，如利用大数据分析学生学习效果、运用在线平台进行教学互动等。教师培训还需要包括对学生个性化发展的指导，帮助教师认识到每个学生的差异，为教师提供更为精准的教学和评价指导。

（二）创新评价工具和方法

教学管理评价体系的创新是提高教育质量的关键。引入人工智能和大数据分析等现代技术手段，可以使评价更加客观、准确和高效。例如，通过分析学生的在线学习行为数据，教师可以更清晰地了解每个学生的学习状态和需求，从而提供更为个性化的教学支持。

评价方法的多样化同样重要。传统的教师评价方式可能无法全面反映学生的实际学习情况，因此，引入学生自评、互评等评价方式，可以从多个角度全面评价学生的学习成果。这种评价方式不仅有助于培养学生的自我评价能力和责任感，也能够增加评价的公正性和全面性。

（三）促进校际合作与交流

校际合作与交流是拓宽教师和学生视野的有效途径。学校之间可以共享教学资源，共同探讨和解决教学管理评价中遇到的问题。这种合作不仅可以促进教育资源的均衡分配，还能够搭建一个多元文化交流的平台，让教师和学生在实践中增强文化自信。

通过校际交流，教师和学生可以直接接触到不同文化背景下的教学方法和评价标准，这对于提高他们的跨文化交际能力极为有益。这种交流还有助于打破教育的地域限制，推动教育公平，确保每个学生都有机会接触优质的教育资源，形成更为坚实的文化自信基础。

通过实施这些建议，人们可以期待在文化自信背景下，教学管理评价将更加全面、科学和有效，从而更好地服务学生的个性化发展和中华文化的传承与创新。

第七章　文化自信背景下大学生思辨能力的培养

第一节　思辨能力的概念与内涵

一、思辨能力的理论背景

思辨能力这个术语最初源自美国哲学家约翰·杜威（John Dewey）在 20 世纪初期提出的反省思维概念。早期关于思辨能力的研究主要集中在认知技能层面，以恩尼斯（Ennis）为代表的学者进行了大量的探讨。到了 20 世纪 40 年代，思辨能力的研究开始受到广泛关注，并在随后的 30 年里在美国、英国、加拿大和法国等国家兴起了一场关于非形式逻辑的运动。在此期间，学者开始强调思维过程中的反思、怀疑态度和理智，认为这些元素应该以一种技巧性强、组织性好的方式引导人们的信念和行为。

到了 20 世纪 90 年代，研究者的关注点转向了认知技能、情感倾向和思维过程的多个方面。美国、英国等国家在这个时期已经将思辨能力教育纳入了课程的基本目标，广泛应用于教育的各个层次和阶段。

虽然国内外学者对"critical thinking"这个概念的界定并不完全统一，但大致上可以归纳为两种理解方式。一种是基于西方学术界广泛认

可的 "critical thinking skills"（批判性思维技能），其来源可以追溯到希腊语的 "kriticos" 和 "kriterion" 两个词根。这两个词根在中文中的表达分别为 "有分析判断能力的" 和 "标准"，结合起来，就形成了 "运用合适的方法或判断标准，加上有意识的思考分析，最终得出合理且有根据的判断" 的定义。这种理解方式强调思维活动的各个方面，包括分析、综合、评价、归纳和演绎等，并且明确了其核心能力包括思维、分析、论述和解决问题的能力，这也得到了国内大多数学者的认可和提倡。另一种理解方式是将 "critical thinking" 译为 "批判性思维" 或 "评判性思维"，但有人认为这种译法可能没有完全体现 "critical" 一词积极的内涵。在本章的研究中，笔者采用了思辨能力这一译法，引用了文秋芳教授在相关研究中使用的翻译。

二、思辨能力的定义

思辨能力这个概念在西方国家已经得到了广泛的研究，这些研究主要分布在心理学、认知科学和哲学等领域中。各学科的研究方向和侧重点不同，对于思辨能力的理解也各不相同。自 20 世纪 80 年代这个概念引进国内后，国内学者也开始对其进行深入的研究，特别是在教育学、心理学、逻辑学、认知科学和哲学教育等领域，思辨能力成了研究的热点话题。关于思辨能力的定义国内外学者有很多种不同的见解，下面将对其中一些具有代表性的定义进行讲解。

（一）国外学者和机构对思辨能力的定义

恩尼斯将思辨能力定义为个体在决定信仰和行动时所展现的合理性和反省性思维。[1] 这一定义揭示了思辨能力不仅是一种简单的认知技能，更是一种涉及深层次思考过程的能力，包括对信息的理性分析、批判性评价，以及对自身信念和决策的反省。恩尼斯的观点强调了思辨能力在形成个体信仰和决策行动中的核心地位，表明个体需要通过反省和合理

---

[1] ENNIS R. Crtical thinking: a streamlined conception[J]. Teaching Philosophy, 1991, 14（1）：6.

的思考，来确保其信念和行为的逻辑性和正确性。恩尼斯的定义还暗示了思辨能力包含认知技能和情感倾向两个维度，即个体不仅需要具备分析和评价信息的能力，还应对这一过程投入情感和判断价值，这种综合能力使思辨能力成为个体理性行为的基石。

赫尔曼·保罗（Hermann Paul）教授对思辨能力的定义则更加强调其作为一个积极和熟练过程的特征，包括解析、应用、分析、综合和评估信息的全方位应用。①他将思辨能力视为一种高级的认知过程，强调个体在面对信息时不仅要能够理解和分析，还要能够综合各种信息，进行有效的评估和判断，最终形成合理的信念和行为决策。保罗教授的观点揭示了思辨能力在处理复杂信息、解决问题和制定决策中的应用价值，强调了个体在思辨过程中需要展现的批判性思考和独立判断能力。通过这种全面的思辨过程，个体能够在信息爆炸的现代社会中做出更加理性和有效的决策。

詹森（Johnson）是加拿大思辨能力研究的代表性人物，他强调了思辨能力是判断智力产品的能力，其基础是适当的标准或规范。他将思辨能力定义为"以适当的标准或规范为基础判断一个智力产品的能力"，这包括对信念理论、假说和论证的评价。②詹森的定义突出了思辨能力与客观标准和个人判断之间的关系，强调了逻辑判断和评价的重要性。

学术界对于思辨能力的定义存在众说纷纭的情形。为了解决这一问题，美国哲学学会汇集了美国和加拿大共46位声誉卓著的哲学家、科学家及教育专家，在经过两年多的严格审查之后，于1990年发布了《特尔斐报告》"The Delphi Report"，以下简称《报告》。《报告》对思辨能力的定义是"目的明确、能够自我调整的判断。这种判断能力表现在解释、分析、评价、推断，以及对判断依赖的论据、概念、方法、标准或语境进行详细解释。"报告强调了思辨者应具有追求真理、开放的思维，分析

---

① AUL R W. Critical thinking: how to prepare students for a rapidly changing world[M]. Santa Rosa, CA: Foundation for Critical Thinking, 1995: 5.

② JOHNSON D W, JOHNSON R T. Creative and critical thinking through academic controversy[J]. American Behavioral Scientist, 1993, 37（1）: 40-53.

和系统化能力，自信和好奇心等个性特质。这个定义随后被广泛认可和接受。

《报告》认为，一个理想的、具备独立思辨能力的思考者应当能够灵活地应对变化，对于学习保持热切的求知欲，并且拥有丰富的学识。这样的人会经过深思熟虑后再做决策，能够在处理复杂问题时保持清晰的思维和有条不紊的状态；在获取信息时，他们会严格遵循针对所需目标的标准，展现一种稳步前进、坚持不懈的精神，确保研究方向的可靠性，并力求获得精准的结果。总的来说，这份报告对于培养和识别具有思辨能力的个体提供了详尽的指导和标准。

（二）中国学者对思辨能力的定义

中国学者对思辨能力的定义和理解深植于中国悠久的文化传统和哲学思想之中，体现了中国人对于思维深度和广度的独到见解。自古以来，中华文化便强调了思辨能力的重要性，如《礼记·中庸》中所述的学习过程——博学、审问、慎思、明辨、笃行，便是思辨能力发展的一个典型例证。这一过程不仅涵盖知识的广泛涉猎和深入探究，还包括对知识的审慎思考和明智选择，直至将其转化为实际行动的能力。这种定义揭示了思辨能力不仅是一种认知技能，更是一种贯穿学习和行为全过程的综合能力，强调了个体在面对复杂问题时进行深入分析、批判性思考和合理决策的能力。

随着 20 世纪 80 年代以后，中国学者开始积极接触和研究国外的思辨能力理论，并且对思辨能力的认识和研究逐渐深入。通过吸收国外的研究成果，并结合中国自身的教育实践和文化特色，中国学者在思辨能力的研究上形成了自己的理解。特别是在英语教育领域，诸如文秋芳教授团队和董毓教授团队等，他们通过系统的研究和实践，进一步推动了思辨能力在教学中的应用和发展。这些研究团队强调思辨能力的培养不仅限于提升学生的语言技能，更重要的是通过语言学习过程中的思考和辨析，促进学生的思辨能力、问题解决能力，以及独立思考能力的发展。

（三）从思辨角度分析思辨能力的定义

从思辨角度出发，思辨能力的定义涉及一个综合性和层次性极高的认知过程，它不仅是一个简单的批判或思考活动，而且是一个深度的、结构化的、目的性强的智力活动。这种能力的核心在于对信息的分析与评估，特别是对那些通常被认为是真理和常识的观点进行深刻的分析与判断，以及对提供的证据和推理进行严格的重新检查。思辨能力要求个体具备对事物进行质疑、观察、分析、抽象和重构的能力，从而对世界中的人和事作出敏锐、洞察力强的判断。

从思辨的角度来看，思辨能力的定义强调了一个重要的概念——批判性思维。批判性思维并不意味着否定一切，而是一种基于理性和证据的思考方式，它要求个体在面对信息时，能够保持一种开放而质疑的态度，能够独立思考，不盲目接受任何未经证实的观点或理论。这种思维方式是一种高度自觉和自我反省的过程，它要求个体在认知、情感和行为上都达到一种高度的自我控制和自我调节能力。通过培养和提升思辨能力，个体将能更有效地理解和解决生活和工作中遇到的各种问题，形成更加独立、理性和成熟的个人信仰和行为决策。

三、思辨能力的特征

思辨能力的特征突出体现在以下几个方面，如图 7-1 所示。

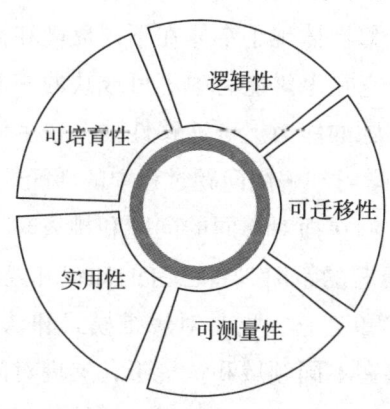

图 7-1　思辨能力的特征

（一）逻辑性

逻辑性作为思辨能力的关键要素，其重要性不可忽视。它涵盖了从信息处理、分析到推理、决策的全过程，赋予思辨一种区别于常规思维的特质。逻辑性要求人们在遇到问题和做决策的时候，不仅依赖直观感受或过往经验，还需要运用逻辑和理性的方式进行深刻的分析和推断。

在思辨过程中，逻辑性主要通过推理和评价两个维度体现。推理能力使个体能够基于已有信息，利用逻辑的手段进行分析，进而推导出合乎逻辑的结论。评价能力则要求人们对接收到的信息或自己得出的结论进行严格的审查和质疑，以判断其真实性和可靠性。这两者缺一不可，若是推理能力不足，人们得出的结论可能会偏离真实；若是评价能力不足，人们可能会对接收到的信息盲目妥协。逻辑性的应用并不仅限于科学实验或解决数学问题，其实它无处不在，涉及人们生活的各个层面。

不论是进行学术研究，还是做出职业选择，抑或是处理日常事务，逻辑性都扮演着至关重要的角色。它引导人们以更为明智和理性的态度去思考问题和作出选择。培养和运用逻辑性的思辨能力，不仅能够增强人们对世界的理解，而且能够清晰人们对自我的认识，还能够提高人们解决问题的效率和质量。所以说，逻辑性是思辨能力的基石，是人们达到更高认知水平和提高决策质量的必经之路。

（二）可迁移性

思辨能力的可迁移性体现了个体在不同环境和情境下灵活运用已有知识和技能的能力，它是思辨能力中不可或缺的一部分，关系着个体适应新情境、解决新问题的能力。可迁移性强调在多样化的情境中应用思辨能力，展现个体在学习和解决问题过程中的活跃性和创造性。

这种能力要求人们在面对不同的问题和挑战时，能够迅速调整自己的思维方式和解决问题的策略，将已有的知识和经验转移到新的领域。这不仅是对知识的简单迁移，更是对思维模式和认知策略的灵活运用。可迁移性使个体能够在不同领域和情境下，展现对问题的深刻理解和高效解决问题的能力，它是个体终身学习和持续发展的关键。可迁移性也与个体的创新能力紧密相关。在新的情境中运用已有知识，往往需要个体进行创造性的思考和探索，这不仅能够促使个体更深刻地理解和掌握已有知识，也能够激发个体的创新潜力，推动知识和技能的不断提升。

（三）可测量性

可测量性是理解和评估思辨能力的一个关键方面，对于推动思辨能力的研究和教学具有重要意义。思辨能力的可测量性引起了广泛的学术讨论。一些学者认为，思辨能力由于包含多个维度和多个抽象概念，缺乏统一的定义和明确的测量标准，使其难以被量化和精确测量。这种观点突出了思辨能力的主观性和复杂性，认为目前尚缺乏有效的工具来全面评估个体的思辨能力。然而，随着心理学和教育测量学的发展，越来越多的研究表明，通过科学的方法和精细的工具，人们是可以对思辨能力进行有效测量的。例如，采用标准化测试、案例分析、反思日志等多种评估工具，人们可以从不同角度和层面对个体的思辨能力进行综合评估。这些方法和工具的发展不仅为思辨能力的量化提供了可能，也促进了人们对思辨能力更深层次理解的探索。

（四）实用性

思辨能力的实用性是其作为一种认知技能很显著的特征之一，实用性直接关系到个体在日常生活和职业活动中的决策质量和问题解决效率。思辨能力的实用性体现在它能够帮助个体在面对复杂情境和信息时，进行合理的思考，作出明智的决策。在实际应用中，思辨能力使个体能够识别问题的本质，分析问题的各种可能性，评估不同解决方案的利弊，从而做出更为有效和合理的选择。思辨能力还具有指导个体批判性评估自我信念和价值观，促进自我反思和成长的作用。在教育、科研、职场等多个领域，思辨能力的实用性都得到了广泛的认可和应用，被视为提升个体综合素质和竞争力的关键能力。

（五）可培育性

思辨能力的可培育性是其在教育领域内很关键的特性之一，它揭示了通过系统的训练和教学实践，个体可以显著提高自身的思辨能力。这一特性基于一个核心前提，即思辨能力并非天生固有，而是可以通过后天的教育和训练得到发展和优化。在全球范围内，不同的教育体系和文化背景都认同并实践着这一观念，这种现象展现了思辨能力跨文化的普适性和重要性。

人们对思辨能力具有可培育性的认识促使教育者开发出各种方法，旨在通过课程设计、教学方法和评估方式来培养学生的思辨能力。这包括批判性阅读、写作训练、小组讨论、案例分析和模拟实践等形式，这些教学活动鼓励学生主动思考、质疑既定知识、分析复杂问题并作出合理判断。这种教育实践不仅帮助学生掌握思辨的技能，更重要的是培养他们持续运用这些技能的习惯和信念。

尽管思辨能力的培养已被广泛认同，但在实际教育实践中，人们对其重视程度和实施策略存在着差异。一些教育体系可能过于强调知识的传授而忽视了思辨能力的培育，这种偏差可能导致学生在解决实际问题和进行独立思考方面的能力不足。因此，教育改革与发展的一个重要方向是，将思辨能力培养融入课程和教学中，确保学生能在多样化的学习环境中发展这一能力。思辨能力的可培育性还意味着教育者自身也需要不断地提升自己的思辨教学能力。教师的教学策略、态度和信念对学生思辨能力的发展有着直接的影响。因此，教师的专业发展和持续学习对于学生思辨能力的培养至关重要。通过参与专业培训、教学研讨和反思实践，教师可以不断提高自己的教学技能，更有效地指导学生发展思辨能力。

第二节　思辨能力培养与外语教学的关系

一、大学生思辨能力现状

黄源深先生在 1998 年发表的《思辨缺席》中提到了一个关于大学生思辨能力的显著现象——"思辨的缺席"。这种情况在外语系的学生群体中尤为明显。当这些学生在需要辩论、写作或在讲座中提问时，常常感到思维的空白，难以表达自己的观点，甚至虽然心中似乎有想法，但思绪却是混乱不清的，不知如何下笔。外语教师群体也未能幸免，他们在晋升职位时，因为缺少学术论文而感到焦虑，认为写作困难，立论不易。为了应对这种状况，一些教师不得不选择编写练习手册等方式来凑够所需的成果数量。这种缺乏分析、综合、判断、推理、思考能力的现象，深刻影响了大学生及教师的学术发展和职业生涯。

事实上，这种思辨能力的缺失不仅存在于外语系的学生和教师之间，而是在所有学习外语的人群中都普遍存在。这已经成为阻碍大学生，尤其是学习英语的大学生提高综合语言水平的一大障碍。缺乏思辨能力的学生很难深入分析和理解语言背后的文化和语境，也难以形成自己独立的观点和见解。这一现象的存在表明，当前大学教育在培养学生思辨能力方面仍存在不少问题和挑战。为了提升学生的综合素质和竞争力，教师需要更加重视思辨能力的培养，创造更多促进学生批判性思维和独立思考的教学环境。只有这样，大学生才能够克服现有的障碍，更好地适应社会的发展需求，实现个人的全面发展。

二、英语教学中的思辨能力培养

在全球范围内，语言教育专家强烈建议将思辨能力的培育融入英语、第二语言和外语的教学课程之中。这种提议基于一个核心观点：批判性思维不仅是一种重要的社会实践，而且在语言学习上是不可或缺的技能。尤其是对于非英语母语者来说，培养批判性思维至关重要，因为它不仅能帮助学习者吸收语言知识，而且能促进他们在理解、推理、提问和解答问题时更加深入和准确地使用英语。

教育领域的实证研究已经证明，教授英语的同时引导学生进行批判性思考，能够显著提高他们的语言学习效果和学习态度，尤其在提升阅读和写作技能方面效果显著。目前，诸多教育研究者正致力于发现和实验各种方法以在英语教育中促进学生思辨能力的提升。这些方法涵盖了运用信息技术、实施合作式学习、深入系统内容学习，以及利用反思性录音日志和计算机模拟等手段来加强学生的思辨和反思能力。教师让学生通过批判性地分析文本来进一步深化学生的批判性思维。在这一切尝试中，以学科内容为中心的语言教学模式已被证明是极为高效的。

自20世纪90年代以来，大学生思辨能力的培养已成为国内外语言教育研究者的热点议题。现在，英语教学的专业目标包括对学生思辨能力的培养。在应对学生思辨能力不足的挑战上，教育专家正努力挖掘思辨能力的本质和深层含义，并在此基础上开发了评估和提升学生思维能力的工具。不断有研究者探讨通过外语课程和教学方法的改革，来增强学生的思维能力，为他们未来的学术和职业生涯奠定坚实的基础。

第三节　影响大学生思辨能力培养的因素

如前所述，我国当前的大学英语教学应该努力培养学生的思辨能力，教师应找出影响学生思辨能力培养的重要因素，在此基础上突破重点、建构多种模式，从而在大学英语教学中培养学生思辨能力。

一、主观因素

大学生本身的价值观念、认知风格、学习习惯等因素是影响他们思辨能力培养的重要内容，如图7-2所示。

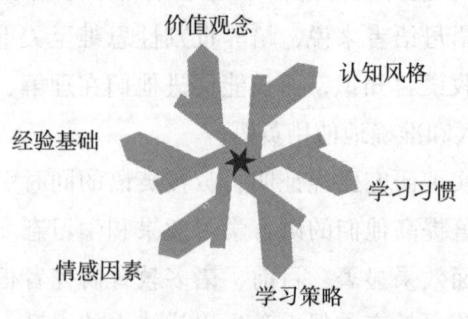

图7-2　影响大学生思辨能力培养的主观因素

（一）价值观念

大学生的价值观念在他们的思辨能力培养中起着至关重要的作用。价值观念是个体对事物重要性的一种心理定位和评价，深深根植于他们的内心，并指导着他们的行为和学习方式。学生对于思辨能力的重视程度，直接影响着学生是否愿意投入时间和精力去培养这项能力。当学生意识到思辨能力不仅在学术上是批判和解决问题的关键，在职业发展中同样起到推动创新和有效决策的作用时，他们就更可能将其视为一项宝贵的技能。反之，如果学生认为思辨仅仅是学术讨论中的装饰或者无关紧要的能力，他们自然不会积极参与培养这一能力的活动。

此外，价值观念也决定了学生面对不同观点和信息时的态度。拥有开放心态和尊重多元观点的学生更倾向于在讨论和辩论中寻找深度，他们更愿意挑战自我，突破固有思维模式，这对于思辨能力的提升是非常有利的。相反，如果学生持有固执己见、排斥异己的价值观念，他们在遇到不同意见时可能会选择回避或者防御，而不是积极思考和吸收，这种态度无疑会抑制思辨能力的培养。

（二）认知风格

认知风格是指个体在认知活动中习惯采取的特定方式，这包括信息处理的方式、问题解决的路径，及决策的倾向等。这些因素极大地影响了大学生对于信息的批判性分析和思辨。具有反思型认知风格的学生通常愿意投入时间对信息进行深入的分析和内省，他们在学习中不满足于表面的认识，而是追求逻辑上的深度和严密性。相比之下，具有直觉型认知风格的学生可能更依赖直觉和即时的判断，而不是深度的分析和推敲，这可能会限制他们在思辨能力上的提高。

认知风格也决定了学生对复杂问题的容忍程度。一些学生能够耐心地处理复杂问题中的不确定性，他们能够从多角度审视问题，并享受这一过程；而另一些学生可能更喜欢直接、明确的答案。这种认知风格上的差异会导致学生在面对需要深度思辨的任务时，表现出不同的适应性和效率。

（三）学习习惯

学习习惯是个体在长期的学习过程中形成的稳定的学习行为模式。优良的学习习惯，比如定期复习、积极参与讨论和定时做笔记，可以促进学生深入理解学习材料，从而为思辨提供丰富的基础。习惯深度学习的学生往往会问更多的问题，他们不仅关注结果，也关注过程。他们通过批判性地分析课堂上的讨论、论证，以及各种观点，不断提升自己的思辨能力。相反，习惯于被动接受和表面学习的学生，往往满足于简单记忆和重复，缺乏主动探究和深入思考的习惯，这限制了他们在思辨能力上的进步。

好奇心强的学生通常有更好的学习习惯，他们愿意探索未知，不满足于已有的知识。他们将学习视为一个不断发现问题、解决问题的过程，这样的态度和习惯能够促进思辨能力的提升。而缺乏好奇心、对新知识不感兴趣的学生，则可能在学习中采取被动的态度，这种习惯很难培养出能够进行有效思辨的能力。

（四）学习策略

学习策略是学生为了更有效地学习而采取的方法和技巧。这些策略包括时间管理、信息整合、批判性阅读、有效笔记和自我检测等。这些策略的运用直接影响学生的思辨能力培养。例如，时间管理能力强的学生能够为思考和研究预留充足的时间，不会因为时间压力而草率地接受信息。他们能够在思辨过程中保持冷静和专注，这是深度学习和批判性思维的前提。另外，能够整合不同信息源的学生，在进行思辨时可以更全面地考虑问题，形成更为周密和多元的论证。

批判性阅读和有效笔记则直接锻炼了学生的分析和评价能力。这些学习策略鼓励学生不仅要理解作者的观点，还要评估其论据的可靠性，辨识潜在的偏见和逻辑谬误。而自我检测则可以帮助学生检视自己的理解和论点，及时改进。缺乏这些学习策略的学生可能无法有效地处理和吸收复杂信息，难以在学术讨论中形成有力的论证，限制了他们思辨能力的发展。

（五）情感因素

情感因素在大学生思辨能力的培养中起着不可忽视的作用。情感状态，如学生的自信心、焦虑感、兴趣和动机等，直接影响他们参与批判性思维和复杂认知任务的意愿和效率。例如，自信心强的学生更可能相信自己能够理解和分析复杂的信息，他们在遇到难题时会更加坚持，乐于尝试解决问题，而不是轻易放弃。他们能够积极地参与课堂讨论，勇于提出疑问和自己的见解，这种积极参与是思辨能力提升的重要途径。相反，缺乏自信的学生可能会因为害怕失败或批评而避免深入地思考和表达自己的观点，这种消极的情感状态会阻碍他们思辨能力的发展。

情感因素还包括对特定学科或活动的兴趣。高度的兴趣可以激发学生的内在动机，使他们更愿意投入时间和精力去探索和思考。当学生对英语学习抱有强烈兴趣时，他们更可能对语言中的深层含义和文化背景进行探究，这种探究能够加深他们对语言的理解并提升批判性思维能力。另一方面，如果学生对英语学习不感兴趣，或者感到焦虑和压力，他们可能就会采取应试的学习方式，仅仅为了考试而学习，这样表面化的学习方法是无法促进思辨能力发展的。

（六）经验基础

经验基础是个体在之前的学习和生活中累积的知识、技能和经历。这些经验对于大学生在进行思辨活动时所能够运用的信息资源和解决问题的策略具有重要影响。具备丰富经验的学生通常能够在遇到新信息时，快速地与已有知识建立联系，更有效地进行批判性分析。例如，如果学生在高中时期已经接受了一定程度的批判性思维训练，他们在大学期间能够更快地适应并发展这一技能。他们已经形成的思维框架可以帮助他们在面对新的学术挑战时，能够更加灵活和有效地思考。

此外，不同的生活经历，如旅行、实习或社会服务等，都能为学生提供独特的视角和思考问题的方式。这些经历使他们能够在探讨问题时考虑更多的社会和文化因素，从而进行更全面和深入的思辨。缺乏这些经验的学生可能在思考问题时显得相对片面，他们的思维可能局限在教科书和课堂讨论之中，难以跨出课本限制进行宽阔的思考。因此，多样化的经验对于培养学生的思辨能力是非常重要的，它可以增加学生对问题的理解深度，并拓展他们的思维范围。

二、客观因素

（一）评价标准

在大学英语教学中，评价标准的设置对学生思辨能力的培养具有显著影响。传统的评价标准往往侧重于语言知识的记忆与复述，而不够重视学生的批判性思维和创造性思维的评估。例如，考试和作业通常关注学生对语法和词汇使用的准确度，以及对文本内容理解的程度，这导致学生倾向于进行表层学习，即只是为了应对考试而学习，而不是为了深入理解和运用知识。这种评价标准不利于激励学生进行深入的思考和讨论，而深入地思考和讨论正是培养思辨能力所必须的。若评价标准能够包含对学生分析、评价和创造等思维能力的衡量，就能更好地促进学生在这些方面的能力提升。

如果评价标准能够多样化，不仅包括笔试，还包括口头报告、小组讨论、研究报告等不同形式，那么学生就有更多机会去练习和展现他们的思辨能力。在这样的评价标准下，学生被鼓励去提出自己独到的见解，批判性地分析问题，这有助于培养他们的独立思考和自我表达的能力。因此，一个全面、多元的评价标准是提高学生思辨能力的重要客观条件。

（二）测试体系

测试体系作为衡量学生学习成果的重要手段，其设计和实施方式直接影响着学生的学习动机和学习策略。如果测试体系主要是为了检验学生对语言知识的记忆程度，而非评估他们的应用能力和思辨能力，这可能导致学生过度依赖机械记忆，忽视批判性思维和创造性思维的培养。学生可能更多关注短期的分数获取，而非长期的能力提升。这样的测试体系可能导致学生在面对实际的语言使用场景时，无法灵活运用所学知识，因为他们缺乏通过思辨来深化理解和拓展应用的练习。

反之，如果测试体系能够包括分析性写作、案例分析、问题解决等元素，强调考查学生综合运用语言进行思考和表达的能力，学生就会更多地被鼓励去进行深层次的思考和勇敢的自我表达。这种测试体系要求学生在准备过程中进行广泛的阅读、独立思考和有意义的讨论，从而在不断的实践中锻炼和提升自己的思辨能力。因此，一个以思辨能力为导向的测试体系对于激发和培养学生的批判性思维至关重要。

（三）教学模式

教学模式是指教师在课堂教学中采用的方法和策略，它决定了学生学习活动的组织方式和课堂氛围的营造情况。传统的教学模式往往是教师主导的讲授法，学生在这一模式下主要是被动接受知识的对象。在这种模式下，学生的思辨能力得不到有效的训练和提高，因为他们缺少主动探索和批判性思考的机会。如果教学模式不能激发学生的主动学习和思考，学生的思辨能力自然难以得到发展。

而以学生为中心的教学模式，如翻转课堂、项目式学习、案例教学等，能够为学生提供更多互动和探究的机会。在这些模式下，学生被鼓励去提问、合作和探索，教师的角色转变为引导者和促进者。在这种模式下，学生需要对所学内容进行深入分析，并与同伴交流和讨论，这样的过程有助于锻炼他们的思辨能力。教学模式的灵活性和开放性能够适应不同学生的学习需求和偏好，为所有学生提供发展思辨能力的平台。

（四）选用教材

选用的教材是大学英语教学中影响学生思辨能力培养的重要客观因素。教材内容的丰富性、相关性和挑战性直接影响学生批判性思维技能的培养。如果教材内容只是围绕语法规则和基础词汇，而缺乏对学生进行高层次思维训练的材料，如缺少讨论、论证和批判等要素，学生则难以在学习过程中自然而然地培养和提升自己的思辨能力。如果教材中的文本和主题与学生的生活经验和兴趣点相脱节，这可能不容易激发学生的学习动机，使他们不愿意进行深入思考和讨论。

如果教材精心设计，涵盖各种类型的文本，如新闻报道、学术文章、

评论、小说等，并围绕这些文本设置问题讨论、案例分析、论据评估等
活动，这种教材可以有效地鼓励学生进行深入分析和批判性思考。这类
教材不仅能够提供知识点，还能成为学生思辨练习的载体，促使学生在
实际语言使用和文本分析中应用批判性思维。因此，综合性、互动性和
挑战性的教材是促进学生思辨能力发展的关键。

（五）教学环境

教学环境包括物理环境和心理氛围，这两个方面都在学生思辨能力
的培养中扮演着重要角色。物理环境如教室布局、设施完善情况，以及
技术支持的水平，都直接影响着学生的学习体验和互动质量。一个开放
而灵活的教室布局，如可以自由移动的座椅和桌子，可以促进小组讨论
和角色扮演等互动式学习活动，从而增加学生之间的交流和合作，这是
培养批判性思维不可或缺的部分。而现代教学技术的应用，如多媒体和
网络资源，可以为学生提供更广泛的信息来源和更多样的表达平台，这
些都有助于拓宽学生的视野，促进他们思辨能力的发展。

心理氛围的好坏则关系到学生是否愿意参与课堂讨论，以及他们是
否敢于表达自己的想法。一个支持性和包容性的课堂氛围可以鼓励学生
提出问题和质疑，这对于培养学生的批判性思维至关重要。如果学生害
怕犯错或者担心被嘲笑，他们可能就会避免进行深入的思考和主动的表
达。因此，教师应该努力营造一个正面的心理环境，鼓励学生自由地交
流思想，并且尊重每一个学生的意见，以此促进学生思辨能力的培养。

第四节　文化自信背景下大学生思辨能力培养的方法

在文化自信背景下，培养大学生的思辨能力是大学英语教学中一项
至关重要的任务，它不仅有助于提高学生个人的综合素质，还有助于推
动中华文化的传承与发展。文化自信背景下培养大学生思辨能力的方法
如图 7-3 所示。

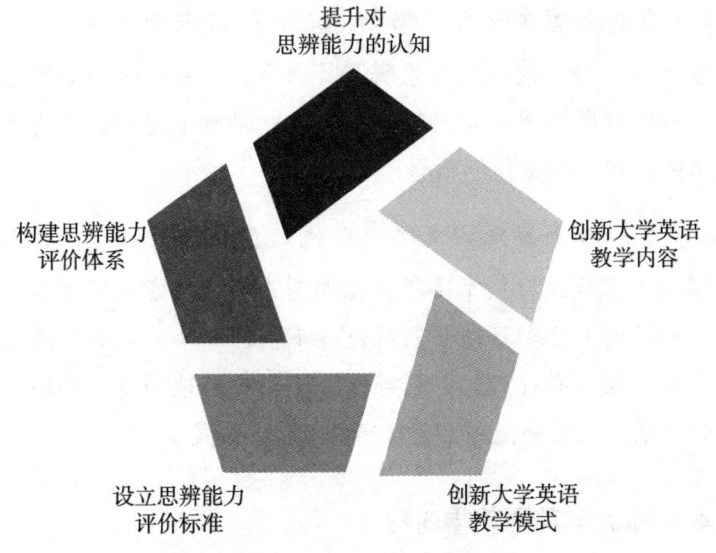

图 7-3　培养大学生思辨能力的方法

一、提升对思辨能力的认知

在以文化自信为基础的教育背景下，培养大学生的思辨能力并非仅仅是提升他们的逻辑推理和论辩技巧，而是深层次地激发他们对本民族文化价值的认同与理解，并将本民族文化融入思辨的过程中。这一培养过程首先要求学生认识到，思辨能力的核心在于利用本民族文化的智慧，审视并分析各类社会与文化现象。

（一）思辨教育应注重传统文化的智慧传承

传统文化中蕴含着丰富的哲学思想、道德规范和人文精神，这些思想为学生提供了丰厚的思辨资源。大学应通过课程设计，如开设"传统文化与现代思辨"课程，引导学生探索古代先贤的思想精华，使学生学会把这些精华转化为处理现代问题的思辨工具，从而提升学生的思维深度和广度。

（二）思辨教育需包含对国际先进文化成果的吸收和批判

高校通过"跨文化交流与思辨"等课程，教育学生在尊重本土文化的同时，理性吸收外来文化的精髓，并在此基础上进行独立思考，提炼出适合本民族特色的文化创新路径。

（三）思辨教育要强调文化与时代进步的同步性

大学利用现代信息技术手段，比如网络平台、虚拟现实等，构建思辨与创新相结合的学习环境。通过这些平台，学生可以更广泛地接触到不同的文化现象，并在教师的引导下，使用思辨技巧解决环境、健康等现代社会问题，以此来提高文化敏感性和创新能力。

二、创新大学英语教学内容

在当前全球化和信息化的背景下，大学英语教学的内容设置应当注重传统文化与国际视野的结合。大学需要创新课程内容设置，如设立"传统文化与现代社会""中华文化与世界文化比较研究"等课程，旨在让学生在学习中华传统文化的同时，对比吸收世界各国的先进文化元素，形成全球化的视角。

在当前全球化和信息化的浪潮中，大学英语教学的内容设置承载着传承文化与塑造未来的双重使命。为此，大学应深化教学内容的国际化与本土化融合，着重推广"传统文化与现代社会"类课程。这些课程旨在让学生深入了解中华文明的丰富内涵和历史演进，同时引导他们关注其他国家文化的创新与发展。在此基础上，通过比较分析，学生能够从多元文化的碰撞与融合中提炼知识，增强文化自信，这不仅促进了学生对中华文化传统的深刻理解，而且培育了具有全球视野的国际化人才。

"中华文化与世界文化比较研究"课程内容设置能推动学生在全球文化交流中寻求本民族文化的立场和发声空间。学生通过这样的课程内容可以比较中外文化的异同，了解不同文化背景下相同问题的不同解决方案。这种比较研究不仅有助于学生建立批判性的思维方式，还能够帮助他们在文化多元的世界中建立对自身文化的认同感，从而在全球化的大背景下坚持和发扬中华文化的独特价值。

大学应该结合现代科技，推出"文化创新实践"课程，鼓励学生运用数字媒体、大数据分析等现代工具，对传统文化进行创新性传承与发展。通过这些实践性强的课程，学生不仅能够在现代社会的语境下对传统文化进行新的解读和表达，而且能够在实际操作中锤炼自己的技能。这样的课程设计使学生在学习和实践中形成对传统文化的深刻认识和尊重，也激发了他们的创造力和创新能力，为中华文化的创新发展注入新的活力。通过这种教学方式，大学生不仅能够在文化自信的道路上稳步前行，更能够在未来成为文化交流和创新的重要推动者。

三、创新大学英语教学模式

对教师来说，创新大学英语教学模式是培养学生英语思辨能力的一种有效方法。具体来说，教师通过创新大学英语教学模式培养学生的思辨能力应该做到如下几点。

（1）有意义的语言输入与创造性的语言输出应该协同工作。这里所说的有意义的语言输入，不仅包括教师提供的可理解的语言输入，也包括与学生的认知和语言水平相符的输入材料。在这样的输入基础上，教师应该启发并引导学生对输入材料进行"批判性"的分析、审查和评论，鼓励他们勇于表达个人观点，进一步以创造性方式进行语言输出。这不仅有助于培养学生的英语思辨能力，也可以加深他们对本土文化的理解和尊重，从而建立文化自信。这种结合本土文化进行的有意义的语言输入和创造性的语言输出，能够帮助学生更好地理解他们自己的文化传统和价值观念，形成更加坚定和自信的文化自觉。

（2）构建知识框架并激活学生现有的知识储备也是至关重要的。教师应当助力学生将新学的内容与他们已有的知识相融合。教师为学生提供与学科内容相关的背景知识，这样有助于学生构建他们的知识框架和网络，使学生的思维更加连贯，并且能在分析和整合不同的材料中提升他们的英语思辨能力。这种知识的整合不仅是对于英语材料的整合，也包括对于文化元素的整合，使学生在理解新的文化内容的同时，也能够更加深刻地理解和认同本土文化，进一步加强文化自信。这也将有助于他们在全球化的背景下，更加自信地表达和传播本土文化，弘扬民族文化。

（3）教师应该重点关注学生学习策略的使用，包括认知、交际和情感策略。在这一过程中，教师需要充当一种引导性的角色，以支架式引导的方式来提高学生的独立思考能力。例如，交际和情感学习策略的应用能助力学生更有效地进行文化交流和理解。在多元文化的交际过程中，学生不仅能够学到英语知识，更能够通过交际策略的运用，更好地表达和传递本土文化，促进本土文化的传承和发展。在这个过程中，学生的文化自信将得到加强，他们会更加自信地在国际舞台上展现本民族文化的魅力。

四、设立思辨能力评价标准

在文化自信背景下，大学生的思辨能力培养应与时俱进，思辨能力评价标准的设立应深入贯彻这一理念。一方面，教师设立思辨能力评价标准时需要从尊重和挖掘中华文化的深厚底蕴出发，鼓励学生在学习英语或其他外语时，不要仅停留在语言表面的学习，而是要将语言学习与中国传统文化的理解和传播结合起来。例如，教师在大学英语教学中加入中国诗词的英译与解读，不但能让学生学习语言，还能增强他们对中华文化的理解和自豪感。通过这种方式，思辨能力评价标准不仅能衡量学生的语言能力，还能衡量他们如何将语言能力用于表达和推广中华文化，从而促进学生在语言学习中的文化自信心的建立。

另一方面，思辨能力评价标准的设立还要强调思辨能力的内涵，即鼓励学生在掌握语言技能的同时，发展自己的批判性思维和创造性思维。这需要教师在评价时关注学生对所学知识进行深入分析的能力、独立思考并提出见解的能力、在理解他人观点的基础上提出建设性的建议的能力等。这种评价方式不仅能帮助学生在学术上取得进步，更能帮助学生在人文素质和综合素质上得到提升。为了实现这一目标，教师可以设计开放性问题和任务，促使学生在完成任务的过程中运用和锻炼自己的思辨能力。

五、构建思辨能力评价体系

　　构建思辨能力的评价体系是培养大学生思辨能力的关键措施之一。在这一体系中，不同形式的评价方法应得到充分运用，如口头报告、论文写作、小组讨论等，这些都是考验学生思辨能力的有效手段。在文化自信背景下，这些评价形式能够更全面地反映学生将中华文化的元素与外语学习相结合的能力，以及在全球化语境中展现中华文化魅力的能力。例如，在口头报告中，学生可以被鼓励探讨中国传统文化在现代社会的应用，或是将中国元素融入外语表达，这样的思辨能力评价体系有助于提升学生在文化自信中的自我认同与自我表达。

　　思辨能力的评价体系还应当注重学生批判性思维与创造性思维的实际运用。在这一体系下，学生被鼓励将所学的语言知识应用于对现实问题的分析和解决之中，如通过案例分析或问题解决任务来评估学生的思辨能力。例如，学生可以被要求分析一则国际新闻事件，并从中华文化的视角出发，提供独特的见解和解决方案。这不仅考验学生的语言能力，更考验他们将中华文化与全球视野相结合的能力，展现了文化自信与国际化素养的有机统一。通过这样的评价体系，教师可以确保学生在培养思辨能力的同时，不断加深对自身文化的理解和自信。

第八章 文化自信背景下大学英语教师专业素养的提升

第一节 文化自信背景下大学英语教师的角色定位

一、大学英语教师的传统角色定位

（一）语言智慧的导师

作为大学等高等学校英语知识的传授者，英语教师承担着将学生领入语言智慧海洋的重任。英语教师须具备扎实的知识基础，以确保能够对英文语言的方方面面进行深入阐述，包括语法、词汇、篇章结构及文化底蕴。他们必须深入探索语言的内在逻辑，细致地挖掘和阐释语言背后的规则和文化内涵。只有拥有对语言知识的精湛理解，英语教师才能够更加高效地协助学生克服学习障碍，进而加深学生对英语的透彻理解。丰富的理论知识、多元的语境理解与实践经验构成了英语教师传授知识的坚实基础，并帮助他们在支持学生学习的道路上不断取得进步，优化学生的知识吸收与语言输出的能力。在此过程中，英语教师的点拨与引领为学生开辟了广阔的学习视界，能够助力学生全方位、系统化地掌握英语。

（二）语言技艺的传承者

除了深厚的英语知识底蕴，大学英语教师还必须是语言技能的高手，能够将这些技巧传授给学生。在大学英语教学中，掌握语言的理论知识固然重要，但其最终目标是让学生掌握实际应用这门语言的能力，如听力、口语、阅读、写作和翻译等关键技能。教师在教学实践中要注重技能的平衡发展，尤其是在外语教育领域，阅读、写作和翻译技能显得尤为关键。然而，听说技能是构筑高阶阅读和写作能力的基石。教师在培养这些技能时必须准确掌控，确保学生能够有机结合这些技能，实现语言运用水平的全面提升。为了提升教师的教学效果和学生的学习效率，教师不仅需要精通这些技能，还要掌握传授这些技能的方法与策略，以便引导学生在语言学习的征程上持续前行，促进语言知识与技能的和谐融合和全面提升。

（三）教学互动的策划者

在大学英语教学中，无论是理论研究还是实践应用，课堂互动均为促进学生学习的核心。教师需要精心策划并组织这些教学活动，使之成为活泼、动态的学习平台，让学生能直接、深刻地理解语言。在设计这些互动时，教师要创造条件让学生全身心投入，并进行有效的语言实践，如辩论会、研讨组及角色扮演等。这些活动让学生在真实的语言环境中实际运用英语，进而增强他们的语言运用能力和自信。通过参与这种形式，学生能更深入地理解、记忆英文知识，并在实践中加固和扩展自己的语言知识体系。

（四）互动体验的共建者

在大学英语教学中，教师的角色不仅是活动的发起者和规划者，还是活动的共建者和体验者。通过将自身融入课堂互动，教师不仅是提供知识的导师，更是学生学习旅途中的伙伴。在与学生同台交流、协作的过程中，教师不但能够燃起学习的热情，还能够通过亲身参与，拉近与学生之间的距离，从而建立更加稳固的教师和学生关系。教师的参与为课堂带来了双向的教学效应，教师既能够通过观察学生的参与方式和反馈，实时调整教学策略，又能从学生的创新思维中汲取新鲜的教学灵感，不断丰富和完善自己的教学理念和方法。

（五）教学策略的创新者

大学英语教师在其职业生涯中，还应担起教学策略的探索者和创新者的重任。面对不断变化的教育环境和学生需求，教师需要不断地分析、评估并应用各种新兴的教学方法和先进技术。这不仅需要教师对传统教学技巧有深刻的理解和运用能力，更要有勇于尝试新颖教学手段的意愿和勇气。从传统的讲授式教学到互动式和参与式学习，从线下课堂到线上资源的整合，再到虚拟现实等现代技术的应用，每一种方法的探索和实践都是教师职业成长的一部分。教师还需具备批判性思维，能够对各种教学方法的效果进行评估，确保所采用的策略能够真正适应学生的学习风格，并促进其语言能力的全面发展。通过持续的研究和实践，教师将能够为学生提供一个更加丰富、更具创造性和更有效果的学习环境。

（六）学习成果的评价者

教师在《大学英语教学指南（2020 版）》的指导下对学生学习成果的评价是确保教学质量、实现教学目标不可或缺的一环。这种评价是教师优化教学过程、监控教学效果的关键工具，也是学生调整学习方法和策略的反馈机制。在过去，学习效果的评价通常依赖学生的作业和考试成绩，这种方法简单而直接。教师通过查看学生作业，可以直接评价学生对于语言知识的吸收程度，这对传统的英语教学模式至关重要。在这个过程中，教师充当了学习成果的评估者，利用传统和现代的评估工具来全面了解学生的学习状况，并据此调整教学策略，以实现最佳教学效果。随着技术的发展，网络工具和资源的运用也为教学评估提供了更多的手段，使教师可以更加细致和全面地进行学习成果的评估。

二、文化自信背景下大学英语教师的新角色定位

在当代社会，文化的多样性与全球化的浪潮相互交织，这背景下的大学英语教师扮演的角色经历了显著且细腻的变化。他们已超越了单纯

传授语言和知识的界限，转化为多元文化交流的促进者和维护者。在这个角色中，教师坚持文化的自尊和自信，平等地对待所有文化，并致力于为学生营建一个充满多样性与宽容的学习氛围。文化自信背景下大学英语教师的新角色如图 8-1 所示。

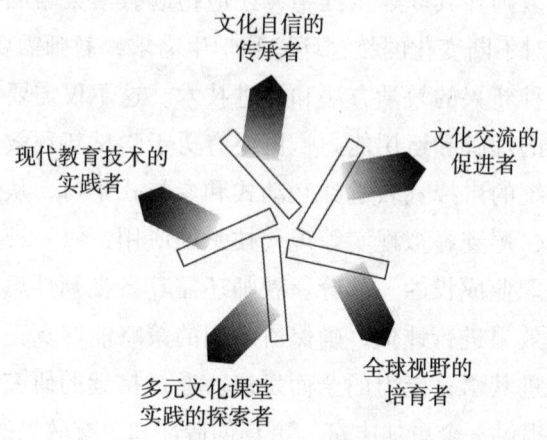

图 8-1　文化自信背景下大学英语教师的新角色

（一）文化自信的传承者

大学英语教师在文化自信的传承中扮演着重要角色。他们不仅是语言的教授者，更是本土文化的传播者。一个教师的文化自信会直接影响学生对本国文化的理解与自豪感。在课堂上，教师需要通过各种方式，如课文内容、讨论主题、特殊节日介绍等，将本土文化的多样性和深远内涵带给学生。例如，在教学过程中，教师可以结合传统节日，介绍春节的由来、中秋节的传说，或者通过古典诗歌的学习让学生感受语言的美和中华文化的韵味。教师还可以邀请学生分享自己与文化相关的经验和故事，这不仅能让课堂活跃起来，也能够加强学生对本土文化的认同感。

教师需要用自己的行为和言语展示对本土文化的尊重，这种态度能够潜移默化地影响学生，使他们在未来的国际交流中，能够自信地介绍自己的文化。教师还可以引导学生进行文化比较研究，发现本国文化与其他文化的共通性和独特性，增强他们在跨文化交流中的自信与主导能力。

（二）文化交流的促进者

在当前全球化和文化自信的双重背景下，大学英语教师的职责扩展到了跨文化交际的领域。教师的新定位不仅是语言教学的专家，更是中外文化交流的积极推动者和桥梁。随着学生对于全球文化互通需求的增长，教师必须引导学生认识到语言学习不只是单词和语法的堆砌，而是理解和体现不同文化精神的途径。在这种情况下，教师要提供更加全面的文化教育。教师需要深入探索英语所代表的文化背景，并将其自然融入语言教学之中，以帮助学生在实际语言使用中做到恰当应用。教师要搭建一个信息平台，提供来自不同文化的素材和情境，鼓励学生在学习语言的同时，学会在多元文化的视角下进行思考和交流。当然，大学英语教师需不断提升个人的文化素养和英语的专业知识，还需要不断更新教学内容，并保持教学方法的现代性，从而使学生能够在跨文化交流中更加得心应手。

（三）全球视野的培育者

在培养学生全球视野方面，大学英语教师需要采取一系列具有策略性的教学方法。教师不仅要教授学生语言知识，更要设计教学过程中的活动和讨论，让学生理解语言背后的文化多样性，培养学生的全球视角。例如，教师可以设置特定的课题，如"全球化对当地文化的影响"，引导学生讨论不同国家的文化在全球化浪潮中既能保持自身特色，又能融入世界文化的原因。

教师可以通过国际新闻、全球议题、国际电影、国际文学作品的引入，让学生接触不同文化和国际视野下的问题，从而培养学生的全球意识和国际竞争能力。教师可以组织模拟联合国会议或国际研讨会，让学生在实际操作中体验国际交流和合作，这种实践不仅能够提升学生的英语能力，更能让他们在全球化背景下思考并提出自己的见解。通过这些教学策略，大学英语教师能够引导学生跳出国门，从宏观的角度审视世界，理解不同国家和地区的文化差异，培养出能够自如在多元文化背景下工作和生活的国际化人才。教师的目标是培养出既具有深厚的文化根基，又有宽广的国际视野的学生，为他们的全球化职业道路打下坚实的基础。

（四）多元文化课堂实践的探索者

在强调文化自信的同时，大学英语教师在新时代的定位应是一个不断探索和创新多元文化课堂的实践先驱。这要求教师不断更新自己的教育观念，不断融合国际化的教学理念与方法，寻求最佳的教学模式来应对多元文化背景下的教育需求。教师需要利用现代化的教育技术，如网络教学平台和多媒体资源，将不同地域和文化的知识体系有效地集成到英语教学中。

以"虚拟交换项目"为例，教师可以联合不同国家的学校，通过网络平台组织学生进行跨国交流。在这样的项目中，学生不仅能够用英语与外国同龄人进行交流，还能够直接了解其他文化背景下人们的生活方式和思维习惯。教师可以通过"国际化项目工作坊"等形式，引导学生参与全球性问题的研究和讨论，如气候变化、全球贫困、国际贸易等，这些都能够有效提高学生的全球责任感和解决问题的能力。在这一角色定位下，教师不仅要有扎实的专业知识和教学能力，更要有开放的心态和创新的精神，能够主动寻求与国际同行的交流与合作，不断引入国际先进的教学理念和方法。通过这些实践活动，教师能够帮助学生构建起包容多样的全球视野，让他们在实际的沟通中感受文化多样性的魅力，提升他们作为世界公民的自信和能力。

（五）现代教育技术的实践者

在全球化和信息化的今天，文化自信不再是单向的文化输出，而是基于平等和互鉴的跨文化对话。大学英语教师在这样的背景下，成为连接不同文化和信息技术的关键节点。作为现代教育技术的实践者，教师不仅能够引入多媒体和网络工具到语言教学中，而且通过运用这些工具促进学生对于本土文化与世界文化的深入理解与交流。例如，利用虚拟现实技术，教师可以创建沉浸式的语言学习环境，让学生在虚拟的伦敦街头进行语言实践，了解英国的文化背景。通过这样的技术，学生不仅能够学习英语，也能够在文化上有所收获，加深对自己和他人文化的理解和尊重。

在教学实践中，教师可以利用在线协作平台组织国际学术交流，让学生与世界各地的学生一起完成项目。这不仅锻炼了学生的英语交流能力，更重要的是让学生在实际使用中体验和学习其他国家的文化习俗和交流方式，培养他们的国际化视野和跨文化交流能力。在这个过程中，教师充当的是组织者和协调者的角色，利用现代技术打破传统课堂的局限，实现了教育资源的最大化利用和教学效果的最大化提升。

教师作为现代教育技术的实践者，还需要不断探索教育技术与教学方法的结合点。在设计课程和教学活动时，教师应考虑将技术融入教学过程的方法，使技术成为提高教学质量和学习效率的工具。比如，教师可以设计在线互动游戏，使这些游戏既包括语言学习的核心内容，又包含文化知识。通过这种方式，学生在玩游戏的同时，能够自然而然地学习语言，并对文化知识产生兴趣。利用大数据和人工智能技术，教师可以实时跟踪学生的学习进度和学习效果，根据学生的情况调整教学策略和学习内容，以适应不同学生的学习需求。

教师应该引导学生学会如何利用这些技术来自主获取信息，并且批判性地分析和评价信息，从而建立自己的知识体系。例如，通过微博等社交媒体平台，学生可以发布自己对于学习材料的理解和思考，也能接触来自世界各地的不同观点，这有助于他们构建起全面的世界观和开放的思维模式。通过现代教育技术的应用，大学英语教师不仅是语言和文化的教授者，更是学生认知、情感与技术能力全面发展的促进者。

第二节　文化自信背景下大学英语教师的专业素养

一、大学英语教师的传统专业素养

（一）职业道德素养

大学英语教师的职业道德素养是指教师在职业活动中应遵守的伦理规范、行为标准，以及内化为个人信念的价值追求。这些素质不仅反映了教师个人的道德品质，也代表了教育行业的道德要求和社会的期望。

大学英语教师的职业道德素质通常包含以下几个方面。

1. 对教育事业的无私奉献

大学英语教师的传统专业素质不仅体现在其对教学内容的精通上，更体现在他们对教育事业无私奉献的精神上。这种无私奉献表现为对学术的深度追求、对学生学业成就的真诚关心，以及对教育本质的深刻理解。在追求教学质量的道路上，教师努力创造和维护一个充满激励和挑战的学习环境，鼓励学生探索未知，满足他们的好奇心和求知欲。举例来说，他们可能会利用互动式教学平台，如在线论坛或者云端共享文档，以促进学生与学生之间以及教师与学生之间的思想碰撞和知识分享，这些行为都是他们为了提高教学质量，愿意探索和实践创新教育工具的体现。

在专业发展方面，大学英语教师将个人能力成长和学术水平提升视为教育事业的重要组成部分。他们持续对自身的教学方法进行优化，参加各种教师发展培训、阅读最新的教育理论书籍，以确保教学方法与时俱进。这种对个人专业发展的不懈追求，不仅是为了自我满足，更是为了能够更好地教育和启迪学生，体现了他们对教育事业的投入和热情。

大学英语教师对教育事业的无私奉献还体现在他们对学生全面发展的关注上。他们认识到教育的目标远远超越了知识传递，它关注学生个性、批判性思维，以及创新能力的培养。教师通过设计多样化的课程活动，如团队项目、批判性写作作业等，培养学生的综合能力。举例而言，英语教师可能会组织辩论赛，这不仅锻炼了学生的语言表达能力和逻辑思维能力，还培育了学生的公共演讲技巧和团队协作精神。他们在教学中融入人文关怀，对学生的个人发展和未来规划给予建议和指导，这种全方位的教育关怀彰显了教师对教育的深厚情感和贡献。

2. 对学生的深切关爱

在大学英语教学中，教师对学生的深切关爱是促进学生成长的关键因素之一。这种关爱深入教育的每一个细节，它超越了语言知识的传授，触及学生的内心世界和个性发展。教师的这种关爱体现在他们为每一个学生提供量身定制的学习方案上，诸如根据学生的学习风格、兴趣爱好，以及个人能力来设计教学活动和评估方法。例如，一个对文学感兴趣的学生可能会被鼓励去阅读和分析英语国家的经典文学作品，而对口语表达感兴趣的学生，则可能被鼓励参与英语角等交流活动。教师通过这种方法满足每位学生的特殊需求，同时激发每位学生的学习热情。这种细致的关注和个性化的教学不仅让学生感受尊重，还能显著提高他们的学习成效。

教师的深切关爱还表现在他们对学生学习状态的敏感捕捉以及适时的干预上。在日常教学中，教师会密切观察学生的反应和参与度，如有必要，他们会及时调整教学策略来适应学生的变化，这可能包括采用不同的教学媒介、调整课堂互动模式，或者提供额外的辅导时间。例如，当教师注意到某个学生在课堂上显得心不在焉时，他们可能会私下与该学生交谈，了解背后的原因，并提供个性化的帮助和建议。通过这样的方式，教师展现了对学生情感和学习态度的深切关怀，帮助他们应对个人挑战，促进学习的继续进行。

大学英语教师的深切关爱体现在他们为学生的长远发展和终身学习奠基的基础上。他们不仅关心学生的学术成绩，更关注学生将所学知识应用于实际生活的能力，培养学生终身学习的能力。举例来说，教师可能会设计课程项目，鼓励学生将英语应用到跨文化交流、国际商务或科技创新等领域，通过这样的跨学科项目，学生不仅能够提升英语水平，还能增强解决实际问题的能力。教师会通过持续的职业发展，比如参与国际教育会议或与海外同行交流，不断提升自己的教学技能，这样能够更好地指导学生，为他们进入全球化的世界做准备。这种关注不仅包括学生的当前表现，更要为他们的未来做准备，这正是对学生深切关爱的最好证明。

3. 对社会和他人的尊重

大学英语教师的传统专业素养深深根植于对社会和他人的尊重，这种尊重体现在他们在课堂内外对学生进行社会责任感与公民意识的培养。在课堂教学中，教师通过各种语言活动，如辩论、演讲等，引导学生理解和执行言论自由与责任相结合的原则。例如，当进行学术辩论时，教师会强调尊重对方观点的重要性，教会学生在表达个人意见时礼貌地听取并反驳对手观点的方法，培养学生的公民素养和社会参与能力。这样的实践不仅提高了学生的语言表达能力，也强化了他们作为社会成员应有的礼仪和尊重他人的态度。

在教学过程中，教师对学生的尊重还体现在对他们思想和言论自由的支持上。他们鼓励学生就社会现象发表个人看法，同时提供平等的机会让所有学生参与讨论。这样的做法不仅为学生营造了一个自由表达和互相尊重的学习环境，也在无形中传达了一个信息：在多元社会中，每个人的看法都值得被尊重。如在评价学生参与的课堂讨论时，教师不以言论的观点立场为标准，而是以学生的参与程度和讨论的质量为评价依据，这样的做法避免了任何形式的偏见，展现了尊重学生的教育理念。通过这些具体的教学行为，教师不仅传授语言知识，还通过行动教育学生成为一个尊重社会、尊重他人的人。

4.对教师职业发展的信念

大学英语教师的传统专业素养中，对于个人职业发展的信念是其职业生涯持续进步的驱动力。这种信念体现在他们对教育事业的不懈追求和对自身专业成长的不断探索中。在日常教学活动中，教师会有意识地将自我反思作为提升教学效果的一个重要工具，不满足于现状，总是寻求更好的教学方法来应对学生的多样化需求。例如，一位经验丰富的大学英语教师可能会在完成一次课堂讲授后，仔细分析自己在课程传达、学生互动和知识点强调上的效果，找出不足之处并制订改进计划。这位教师可能会通过参加专业研讨会、阅读最新的教育研究文献或与同行交流来获取新的教学策略，进而在随后的教学中尝试并评估这些新方法的有效性。

教师对职业发展的信念还促使教师在专业领域内持续学习和创新。他们深知教育领域是一个动态变化的环境，需要教师不断地更新知识和技能以保持教学的现代性和相关性。为此，大学英语教师可能会主动学习新兴的教学技术，或者将跨文化交流融入课程，以提升学生的全球意识。比如，一个致力于提高教学水平的教师可能会创建一个在线论坛，鼓励学生在课外继续讨论课堂话题，这不仅延伸了学习的边界，也促进了学生的自主学习。这些行动不仅反映了教师对教学品质的承诺，也映射了他们对个人职业成就的深厚信念。通过这种方式，教师的个人成长与教育质量的提升形成了正向循环，彰显了大学英语教师对教师职业发展信念的坚持和实践。

（二）学科专业素养

1.系统的知识储备

大学英语教师的学科专业素养首先体现在深厚的语言知识储备上，这包括对语音、词汇和语法等方面知识的系统掌握。语音知识不仅包括音素发音的准确性，还涉及语调、重音和节奏等方面，这对于教授英语尤为关键。例如，教师需要能够准确地示范和纠正学生的发音，帮助他们理解和练习英语的音节弱化和连读现象，以提高他们的听力理解能力和口语流利度。一个具备高度专业知识储备的教师，会利用各种语音学工具和实例，比如国际音标图表、音频样本和软件等，来帮助学生更深入地理解语音差异，并练习模仿。

在词汇知识方面，大学英语教师需要有广博的词汇量，以及对词汇使用的深刻理解。这不仅是记忆单词本身，还包括对单词的词根、词缀、同义词、反义词、搭配和语境用法等的全面把握。教师可以通过举例说明，根据上下文选择合适的词汇以及词义的微妙变化的方法，比如解释"slim chance"（渺茫的机会）和"fat chance"（希望渺茫）意思相近却用词相反的趣味现象，从而增加学生的语言敏感度和词汇运用能力。教师还能够引导学生通过理解词根和词缀来洞察新词汇，从而帮助学生建立一套高效的词汇学习和记忆策略。

语法知识是英语教学中不可或缺的一环。大学英语教师必须对英语语法结构有着透彻的了解，并能够将复杂的语法规则简化讲解，以便学生理解和掌握。教师在授课时，不仅要解释语法规则，更要能够设计和引导学生参与语法练习，比如通过句型转换、填空、翻译等活动，使学生能够在实践中加深对语法知识的理解。例如，教师可以结合实际情境，讲解并演示现在完成时和一般过去时的区别，通过比较"have done"（现在完成时）和"did"（do 的过去时）在不同情境下的用法，来提高学生的语法运用能力。教师的这些深入浅出的讲解，能有效地帮助学生构建起结构化的语法知识体系，为学生的英语学习打下坚实的基础。

2. 现代化教育理念

在教育领域经历多元化和国际化浪潮的今天，大学英语教师的传统专业素养仍然是其职业发展和教学成效的基石。这种专业素养不仅包括扎实的语言知识和语言教学技能，还涉及对教育理念的理解和应用能力。在传统意义上，教师被视为知识的传递者和教学的主导者，但现代化教育理念的演进要求教师转变角色，更多地成为学习的促进者和引导者。这一转变意味着，大学英语教师不仅需要维持其传统的专业素养，如语言学、文学等学科知识的不断积累，还需要主动拓展教师的教育视野，包括对学生中心教学模式的认识和实践。

具体到教学实践中，这要求教师不仅关注语言知识的传授，更注重学生思维方式的培养、情感态度的引导，以及认知能力的发展。在此基础上，大学英语教师还需具备前瞻性思维和创新能力，能够根据教学内容和学生需求，灵活选择和运用适宜的教学方法和策略，以实现个性化和多样化的教学目标。这不仅是对传统专业素养的延伸和拓展，也是对新时代教育理念的积极响应。随着教育评价体系的改革和教学内容的更新，大学英语教师还需紧跟教育理念的演变，将价值观教育、人文关怀融入语言教学之中。这种深层次的教育理念转变，不仅要求教师具备丰富的教育和文化知识，还要求教师具有高度的教育智慧和强大的自我发展的动力。通过不断的学习和实践，教师能够在教学中实现自我超越，创新教学方法和手段，最终提升教学质量，实现学生和教师的共同成长。

3. 创新思维方式

大学英语教师的传统专业素养在不断地教育改革和学术发展中逐渐包含了创新思维方式的内涵，这一转变标志着教师角色和教学策略的重大调整。创新思维方式的内涵不仅包括新教学方法的尝试和应用，还包括教师对学生需求的敏感捕捉，以及对学科知识边界的拓展等方面的内容。

创新思维方式要求教师具有敏锐的观察力和洞察力，能够准确捕捉到学生的需求和兴趣点。这种能力使教师能够设计出更加贴近学生实际需要的教学内容和活动，从而提高教学的有效性和吸引力。教师通过与学生的互动交流，了解学生的学习状态和心理变化，及时调整教学策略，使教学活动更加人性化和个性化。在快速发展的社会和学术环境中，大学英语教师的创新思维方式还体现在对学科知识不断更新和拓展的追求上。教师需要保持对最新学术研究和教育技术的关注，积极参与学术交流，不断吸收和融合新的知识和理论。这种不断学习和成长的态度是教师专业发展的重要保障，也是实现教学创新的基础。

对于大学英语教师个人的专业发展而言，创新思维方式是一种不可或缺的职业态度。在知识更新速度极快的今天，仅仅依靠传统的教学方法和理论已远远不足以应对新的挑战。拥有创新思维的教师更愿意参与专业培训，接触和学习新的教育技术，如利用人工智能教育软件辅助教学，或者通过数据分析来评估学生的学习成果和教师教学策略的有效性。他们也更加乐于参与国际学术交流，以了解不同国家和地区在英语教育方面的最新动态，将国际视野和先进理念融入自己的教学之中。创新思维的教师认识到专业成长是一个持续的过程，他们乐于从同行的成功和失败中学习，以此作为自我反思和改进的基础。通过这样不断地学习和改进，教师不仅提升了自己的教学水平，也为学生提供了更高质量的教学内容。

（三）科学研究素养

大学英语教师的科学研究素养是其传统专业素质的核心组成部分，是教师在教学过程中能够不断推进自身发展、提升教学质量和效果的关键因素。在面对未来的多样化的教学环境和复杂化的学生需求时，只有具备了扎实的科学研究素养，教师才能在教学实践中展现出更为卓越的专业能力和实践智慧。

大学英语教师的科学研究素养直接影响教学质量和学术贡献的水平。拥有扎实的科学研究素养的教师，能够将科学研究的方法和理念应用到教学中，以确保教学内容的前沿性和科学性。在课程设计阶段，教师可以运用定量和定性的研究方法来分析学生的需求，制订出适合不同层次学生的教学计划。例如，通过调查问卷和访谈，教师可以了解学生对于英语学习的态度和存在的困难，然后根据数据结果调整教学策略。在教学过程中，科学的测试和评估方法可以帮助教师准确地了解学生的学习进度和掌握情况，使教师能够及时调整教学内容和教学方式。教师自身的研究项目往往涉及语言教学的最新发现和理论，这使教师能够不断地将最新研究成果融入教学，不断提高教学水平。

大学英语教师的职业发展不仅包括教学，还包括学术研究。具备高级科学研究素养的教师，在进行学术研究时能够精准地提出研究问题、设计合理的研究方案、有效地搜集和分析数据，以及撰写严谨的研究报告。这些能力不仅能增强其个人学术影响力，还能对学科发展做出实质性贡献。举例来说，当教师进行语言习得研究时，他们可能会探索多语言环境下学习者的语言策略，这要求教师不仅了解语言学理论，还需精通研究方法学，并能够运用统计软件进行数据分析。通过发表研究成果，教师可以与国际同行交流，获取反馈，进一步完善研究，并在这一过程中提升个人的学术地位和教学水平。教师的科研成果也可转化为教学案例，为学生提供实际的研究经验，以及理论与实践相结合的学习机会。

二、文化自信背景下大学英语教师应具备的专业素养

（一）以学生为中心的教学意识

1. 以学生为中心的教学意识在文化自信背景下的体现

在文化自信背景下，大学英语教师的专业素养不仅体现在对语言知识的掌握上，还体现在以学生为中心的教学意识上。这种教学意识要求教师尊重每一个学生的文化背景和个体差异，鼓励学生在学习英语的过程中积极发挥自己的文化优势和个性特点。例如，教师可以设计课程活动，让学生分享自己的文化故事和经验，学生通过比较不同文化中的语言表达方式，来加深对英语表达的理解。教师还应注重培养学生批判性思维和创造性思维，不仅要教会学生标准的英语知识，还要引导学生在英语学习中形

成自己的见解和独立思考的能力。教师的这种以学生为中心的教学意识将有助于培养出既具备语言能力又拥有文化自信的英语学习者。

2.以学生为中心的教学意识在教学实践中的应用

具备以学生为中心的教学意识的大学英语教师在教学实践中，会更加注重学生主动参与和体验的重要性。在教学设计上，教师会运用各种教学策略，比如分组讨论、角色扮演、案例分析等，以激发学生的学习兴趣和参与热情。教师还会根据学生的具体情况，个性化调整教学内容和节奏，确保每个学生都能在适合自己的方式下取得进步。例如，对于基础较差的学生，教师可以提供额外的支持和资源，帮助他们跟上课程进度；对于高水平的学生，教师可以提供更具挑战性的材料和任务，促进他们深入学习和思考。在教学评估中，以学生为中心的教学意识也要求教师关注学生的个人成长，而不仅是成绩的高低。通过持续的反馈和指导，教师能够帮助学生找到自己的学习路径，从而增强学生学习的自信心和自主性。

（二）专业的文化知识储备

1.英语文化知识

在文化自信背景下，大学英语教师应具备的英语文化知识不仅是为了教授一门语言，更是为了促进跨文化交流与理解。这种文化知识涵盖了英语语言所代表的文化多样性，包括各个英语使用国家的传统、习俗、历史、艺术、文学作品，以及日常生活方式等。大学英语教师的深厚的英语文化知识储备不仅意味着能够讲解单词和语法的文化内涵，更要能够引导学生深入理解语言背后的文化价值观和思维方式。

这种专业素养要求教师能够在课堂上运用文化内容激发学生的学习兴趣，如通过讨论英美名著中的文化主题或分析流行歌曲的社会背景，来加深学生对语言在实际使用中的深层意义的认识。教师还需要关注全球英语的使用情况，如世界各地的英语变体，这样不仅能帮助学生认识到英语作为全球语言的多元性，还能促使他们在使用英语进行国际交流时更加得体和自信。

2.本土文化知识

在文化自信背景下，大学英语教师不仅要成为世界文化的传播者，更应成为本土文化的倡导者和守护者。这种专业素养要求英语教师深刻理解本土文化的深层内涵，能够在教学中自然而然地融入中国的历史、哲学、文学、艺术，以及社会实践等方面的知识。在具体的教学实践中，英语教师能通过讲述中国古典诗词背后的故事，分析中国成语中蕴含的哲理，以及借助现代中国社会发展的实例，引导学生理解和欣赏中文与英文表达方式的差异和联系。

英语教师可以设计课程，让学生用英语介绍中国的传统节日和习俗，比如详细解读春节、中秋等节日的起源、传统活动，以及其在现代社会的演变，这样既锻炼了学生的英语表达能力，也加深了他们对本土文化的理解和自信。教师可以组织学生进行小组讨论，比较中西方的价值观、生活方式和思维模式，激发学生对本土文化独特性的探究兴趣，以及在国际交流中自信地表达本土文化的方法。

英语教师在传授本土文化知识时，还应关注学生的文化自我认同感，鼓励学生对本土文化进行研究和个人体验。教师应该设计课程活动，让学生在现实社会中进行田野调查，比如探访历史文化名城、采访地方非物质文化遗产的传承人，或者调查当地的风俗人情，然后用英语进行展示和讨论。通过这样的实践，学生不仅能够在实际语境中使用英语，还能够增强学生对本土文化的自豪感，也促进了本土文化知识的传承和创新。这种深入实践的教学方式有助于构建一个以文化自信为基础，以学生为中心，以英语为载体的多元文化教学环境。

（三）多维度的实践教学能力

1.表达互动能力

表达互动能力是指个体在社交互动中准确、高效地传达和接收信息的能力。这一能力不仅包括使用语言文字进行信息交换的表面技能，还涉及非言语符号，如身体语言、面部表情、声音的强弱和语调等，在信息传递过程中的综合运用。

在文化自信背景下，大学英语教师的表达互动能力不仅反映在语言知识的传授上，更体现在教师能够跨文化有效互动的综合素质上。这意味着教师不仅要掌握流利的英语，能够在听说读写各方面准确地与他人交流，更要具备在多样文化情境中敏感应对和适宜表达的能力。他们应能通过非语言符号，如肢体语言和面部表情，补充和增强语言表达，确保信息传递的有效性。大学英语教师应有能力解读和尊重学生的文化差异，通过采用多种交流策略，比如比喻、故事讲述、情景模拟等，促进学生的文化理解和语言学习。教师在课堂互动中应展现较强的倾听技巧和同理心，以建立一个开放而包容的学习氛围。这样的表达互动能力，不仅有助于培养学生的英语能力，还能激发他们对本土文化的认同感与自信心，从而使学生在全球交流中自信地表达自我和推广本国文化。

2.教学监控能力

教学监控能力是指教师在教学过程中持续跟踪、评估并调整教学活动，以保证学习目标的实现和教学质量的提升。它要求教师具备高度的教学情景感知力、快速反应能力，以及适应和调控课堂动态的能力。教师需要对学生的学习进度和理解程度有即时的认识，并能基于这种认识做出相应的教学策略调整。这种能力包括对学生学习成效的监测、对教学环境和教学资源的合理管理，以及对学生学习行为和情感态度的关注。

在多元文化的教学环境中，教学监控能力的内涵进一步拓展到了对文化差异的把握和应对。大学英语教师在进行教学监控时，应充分考虑本土文化与目标语言文化的交织影响，借此构建一个支持性的学习环境，使学生能在尊重和理解差异的基础上进行有效学习。这包括利用课堂讨论、小组作业等活动来促进学生对文化差异的理解，以及在评估和反馈过程中体现对学生多元文化背景的包容。通过这样的教学监控实践，教师不仅能够引导学生掌握语言技能，还能激发学生对不同文化价值的思考，将学生培养成为全球化语境下的有效沟通者。

在文化自信背景下，大学英语教师应如何提升教学监控能力？教师首先应加强自身的跨文化交流理论学习，通过专业培训、学术研究等方式，深化对不同文化交流模式、文化差异性及其在语言教学中的影响的理解。例如，通过研究比较中西方的交流习惯、思维模式，教师能更敏锐地捕捉到学生在学习过程中可能遇到的文化冲突和困惑，进而在教学设计中预留空间，引导学生进行文化比较和反思。利用多媒体和网络资源，如在线论坛、视频分享平台等，教师可以构建一个包容多元文化的教学环境。教师可以设计一些与目标文化相关的作业，鼓励学生从本土文化和目标语言文化的角度出发，探索和讨论两者之间的相似性和差异性。通过这种方式，教师不仅能够监控学生的学习进度，还能促进学生对文化差异的理解和尊重。

3. 团队协作能力

团队协作能力是指个体在集体环境中有效参与、做出贡献、相互合作的能力，涉及沟通、协调、共情、解决冲突等多方面的技能。在高等教育背景下，这种能力对于大学英语教师而言，不仅意味着在教学活动中与同行共同筹划、实施课程与教学策略，还涉及在学术研究、课程开发、教材编写及行政工作中与各方协作，优化资源配置，共同提升教学质量。它要求教师能够认识到团队中每个成员的专业强项，尊重并整合不同的意见和方法，以达成共同的教育目标。

在文化自信背景下，大学英语教师的团队协作能力还需要融入文化敏感性和跨文化交际的能力。教师在团队中应能展现对本土文化价值的自信，同时对于团队成员可能带入的多元文化背景持开放态度，教师可以利用这些多样性来丰富教学内容和研究视角。这种文化融合的协作方式能促进创新的教学方法和先进的学术思想的诞生，提高教育成果的国际竞争力。在跨学科和跨文化的项目中，英语教师的团队协作能力尤为重要，他们需要与各学科领域专家合作，形成有效的沟通渠道，共同构建一个充满创造性和包容性的教学与研究环境。

4. 信息技术能力

（1）文化导向的信息筛选能力。教师在进行信息检索与分析时，不仅要重视信息的准确性和时效性，更要在选择信息和例证时体现文化自信，即挑选那些能够反映本土文化精髓和世界多样性的资源。例如，在搜索英语教学资源时，教师能够有意识地融入本国文化背景的材料，如中国的传统节日、历史故事，以及其他国家对这些文化现象的英文报道，用以培养学生的文化认同感和全球视野。

（2）文化融合的技术应用能力。教师需要掌握将教育技术与本土文化相结合的技巧。在使用智能白板、在线教学平台等教育技术时，教师应设计包含本土文化元素的互动活动和材料，比如使用中英文双语教学软件、引入与本土文化相关的虚拟场景等，以此来加强文化身份的建构，并培养学生对本土文化的自豪感和对本土文化的传承意识。

（3）文化传承的数字媒体创意运用能力。现代的英语教师应利用数字媒体创新性地传播本国文化，例如通过制作包含本土文化符号的PPT、教学视频等，将传统与现代相结合，创造性地展现本土文化的独特性。在全球气候变化等国际话题的教学中，教师可以引入本国在环保方面的努力和成就，展示国家责任感，以此提高学生对本国文化和努力的认识，增强文化自信。

（4）融入文化自信的在线教学与远程教育能力。近年来在线教学和远程教育蓬勃发展。在此基础上，大学英语教师不仅要熟练操作在线教学平台，更要在教学过程中注入文化自信，使之成为激发学生学习动力和文化自尊心的渠道。例如，通过Zoom和Teams等平台，教师可以组织包含本土文化元素的线上讲座，引导学生了解和展示自己文化的独特之处。教师可以在在线教学中，利用虚拟背景技术将传统文化的符号图像或相关视频作为课堂的背景，创造沉浸式的文化体验空间，增强学生对本国文化的认同和自信。在这样的教学模式下，学生不仅是获取语言知识的接受者，还成为文化传播的参与者，实现语言教学与文化自信的完美融合。

（5）结合文化自信的数据分析与评估能力。随着教育技术的进步，数据分析成了教学评估的重要工具。大学英语教师应具备通过数据分析来提升教学效果和学生学习体验的能力。在文化自信背景下，教师应关注那些能够反映学生对本土文化学习兴趣和接受度的数据，比如，当数据监测到学生对本土文化相关主题的参与度较高时，教师可以增加相关内容的教学比例，调整课程内容，使其更贴近学生的兴趣。另外，教师利用数据来观察学生对于涉及文化内容的语言结构或词汇的掌握程度，可以更好地发现学生在文化理解和语言运用上的具体困难，从而为学生提供更加个性化和有针对性的课程设置。在这一过程中，教师通过数据了解和尊重学生的文化背景，营造一个以文化自信为基础的多元和谐的学习环境。

5.解读多元文化的能力

在全球化时代背景下，大学英语教师需要具备深刻解读并正确对待文化多元化的能力，这一点对于提升教学的包容性和深度至关重要。

（1）文化多元化是一种历史现象。文化多元化不是现代才有的产物，而是历史悠久的。古代文明如古埃及、玛雅和古印度，都孕育了与众不同的文化精粹。这些文化的独特性是时间的积淀、地理和民族的多样化结果。一个有见识的教师应能引导学生理解和欣赏不同文化在历史长河中形成的独特性，并在此基础上发掘不同文化间的相互影响，从而提升学生对文化差异的敏感性和尊重度。

（2）文化多元化是一种价值追求。文化多元化不仅是种族或民族的概念上的差异，更深层地，它关乎个体和群体对于平等、尊重与理解的诉求。每一种文化都富含着独特的生活方式、思维模式和价值体系，它们是人们生活经验和集体智慧的结晶。教师在课堂上应当鼓励学生探究和理解不同文化背后的价值取向，推动一个基于互相尊重和平等的多元文化共存的环境，从而培养学生成为能在多元文化背景下进行有效沟通的全球公民。

（3）文化多元化是一种认知方式。认识并接受多元文化的存在，是对传统单一文化认知模式的超越。它要求人们在分析问题时放弃单一文化中心论的局限，从多角度、多层次去观察和理解世界。在这种认知模式下，每种文化都是相互关联、互相影响的。教师应该培养学生的跨文化思维能力，帮助他们从多个文化视角理解问题，进而更加深入地了解并欣赏不同文化的丰富性，同时强化自身文化的理解与认同，使之成为跨文化交流和国际合作的坚实基础。

第三节　文化自信背景下大学英语教师专业素养
提升的方法

英语教育工作者职业能力的增强必须依靠国家、院校及社会各界的协同努力与资源共享。在这种框架下，学校必须构建一个协作的平台，使教师能在一个有政策支持、条件优越的环境中不断提高其职业技能。这包括执行以学校为中心的持续教育计划、促进教师互助团体的形成、提升英语教师教育的质量、提供外出交流学习的机会、鼓励教师开展终身学习。这样的系统不仅可以确保教师在知识与技术上得到系统的提升，也可以在宏观上促进英语教学品质与成效的提高。

一、执行以学校为中心的持续教育计划

在文化自信背景下，执行以学校为中心的持续教育计划，对于提升大学英语教师的专业素养至关重要。这一教育计划的根本目标是通过持续的学习和实践，使教师不仅在英语教学方面达到专业化，还能够在文化交流和传播中发挥关键作用，进一步强化教师的文化自信和国际视野。为此，学校需构建一个以教师发展为核心的多层次、全方位的教育体系。

（一）实施以文化为导向的教学内容开发计划

大学英语教师应通过学校提供的资源和平台，结合自己的专业知识，开发含有中华文化元素的英语教学材料。这不仅涉及语言知识的传授，还要将中国的历史、文学、哲学、艺术等内容以英语的形式呈现给学生。这样的教学内容不仅能增强学生对中华文化的理解和兴趣，也能提升教师在跨文化交流方面的实际操作能力。为此，学校可以建立专项基金，鼓励和支持教师进行相关教材的开发和研究。教师在这一过程中，不仅可以深化自身对文化知识的掌握，还能在不断地创新实践中增强文化自信。

（二）提供良好的信息技术教学环境和教学条件

在当前以信息技术为基础的教学环境中，为教师提供良好的信息技术教学环境和教学条件对于提升教师的专业素养来说至关重要。

学校需要确保每位教师都能够访问高速的互联网和现代化的教学工具。这些工具包括但不限于交互式白板、学习管理系统、云端文档分享服务和多媒体演示软件。学校配备这些工具可以帮助教师更有效地传递课程内容，尤其是教师在展现丰富的中华文化素材时，能够更加生动和直观。为了确保教师能够充分利用这些资源，学校还需要为教师提供持续的技术支持和培训，帮助教师熟悉最新的教育技术和教学方法。学校应该为教师提供专业的信息技术支持团队，这个团队不仅能够解决技术故障，还能协助教师开发和整合多媒体资源到他们的课程中。例如，信息技术支持团队可以帮助教师制作互动式的电子课本，其中融入了与中华文化相关的多媒体内容，如视频、音频、动画等。这些内容不仅可以丰富学生的学习体验，还能帮助他们更好地理解和欣赏中华文化的深度和广度。

此外，良好的信息技术教学环境还包括创造一个在线学习社区，使教师能够分享和讨论教学方法、课程设计，以及更有效地将信息技术与文化自信相结合的策略。这样的平台不仅促进了知识的交流和共享，还鼓励了教师之间的合作与创新。通过这样的互动，教师可以集中智慧，共同开发出更符合当代学生需要的课程，使中华文化的教学不仅是传统的课堂讲授，而是变得更加生动。

（三）对教师教学实践的定期评估和反馈

持续教育计划应包含对教师教学实践的定期评估和反馈环节。通过对课堂教学的观察、学生的反馈，以及同行的评议，教师能够获得关于改进教学方法的策略和更有效地融合文化内容的宝贵意见。教师也应被鼓励反思自己的教学，定期更新教学计划和材料，以确保所教授的内容既是时代的前沿，也是文化的传承。通过这样的循环，大学英语教师不断地提升自身的专业素养，同时增强自己对中华文化的自信和传播中华文化的能力。

二、促进教师互助团体的形成

在当今全球化和信息化时代，文化自信的内涵不仅包括对本民族文化的自豪和自信，还体现在对话全球文化的能力与开放的心态。在这一背景下，大学英语教师的专业素养提升成了教育改革的关键之一。特别是在促进教师互助团体的形成方面，这不仅能够提升教师的教学能力，还能够深化教师对于文化自信的理解和实践。

教师互助团体是教师专业发展中的一个重要组成部分，是指一群有共同目标和兴趣的教师自发组成的团体，旨在通过分享经验、资源和策略来共同进步。这种形式的团体有助于教师在相互尊重和信任的基础上，开展教学实践的深入探讨和反思。在文化自信背景下，教师互助团体不仅是技能交流的平台，更是文化交流和文化认同感建立的重要场所。通过团体内部的互相启发，教师能够在教英语的同时，融入中华文化的元素，促进学生对中国传统文化和现代价值的认知和尊重。

教师互助团体的建立为教师提供了一个持续学习和发展的社区环境。在这样的环境中，教师能够实现知识和经验的共享，彼此提供反馈，促进个人和集体的成长。更重要的是，这种团体的成员可以来自不同的学科背景，为英语教学带来跨学科的视角，从而能够丰富教师的教学内容和教学方法。对于文化自信的构建来说，这样的互助团体可以是一个交流中国传统文化和现代文化价值的平台，帮助教师在教授英语的过程中，有意识地加入中华文化的元素，不仅传授语言技能，也传播文化精髓。

促进教师互助团体的形成也是实现教师专业自主性的一个途径。在团体活动中，教师可以根据自己的需要选择学习的内容和方式，有机会参与教学研究和项目，从而提升自己的研究能力和创新能力。这种自主性的提升在文化自信背景下尤为重要，因为它能够促进教师形成对中华文化价值的深刻理解。最终，这不仅提升了教师的教学质量，还能通过英语教学这一国际化的舞台，展示中华文化的自信和魅力，增强学生和国际社会对中华文化的认识和尊重。

三、提升英语教师教育的质量

英语教师教育的质量直接影响教育系统的整体水平及其在全球范围内的竞争力。因此，不断改进英语教师培训程序是至关重要的，它旨在培养具有深厚专业知识和实际教学技巧的英语教师队伍。在英语教师的培养过程中，完善英语教师培训课程体系成了提高教师专业能力的重要途径。

英语教师培养的课程结构是确保教师专业发展和教学效果的关键。这一阶段不仅涵盖教师基本教学技能的学习，还包括对教育理念和教学方法的深入理解。英语教师教育课程的设计分为基础教育课程、英语专业知识课程和教育学课程三个主要部分。这种课程设置旨在全面提升未来教师的教育理论知识、专业英语能力，以及教育实践技巧，为他们成为合格的英语教师奠定坚实的基础。

（一）基础教育课程

在弘扬文化自信的当代社会，对英语教师基础教育课程的精心构建尤为关键。这一过程旨在深植中华文化的精粹，使未来的英语教师在全球化的教育背景中展现更广阔的视角和更深厚的文化根基。这样的课程构建旨在加强教师的文化自信，并使教师能够在全球舞台上自信地传播中华文化，同时激发学生对本土文化的认同感与自信心。

为实现以上目标，基础教育课程需围绕文化自信核心理念展开，通过跨学科整合，将中华文化元素融入语言学习与教学法等多个领域。这种跨学科的课程安排不仅拓展了未来教师的学术视野，而且有助于他们在教学实践中，从多角度解读和传递中华文化的独特价值。课程中还应包含丰富的跨文化交流内容，使英语教师能够理解和尊重不同文化背景下的教学互动，为其将来在多元文化环境中教学打下坚实基础。

课程设计还应注重教学方法的创新，如引入情境教学、案例分析、反思日志等多样化教学策略，这不仅有助于提升英语教师对文化内容的理解和应用能力，还能培养他们的批判性思维和创新教学能力。通过这种方式，基础教育课程不仅成了提高未来教师专业知识和教学技能的平台，更通过强调文化传承与创新，赋予未来英语教师更高的文化素养和国际视野，确保他们能够在教学过程中有效地融合语言与文化教学，实现文化自信的深层次体现和传递。

（二）英语专业知识课程

在英语师范教育中融入文化自信的核心，对于未来英语教师的培养策略而言，是一项创新且必要的任务。通过学习学校精心设计的英语专业课程，未来教师不仅能够掌握英语这门语言的核心技能，还能深刻理解并传达中华文化的精髓，这对于在全球化背景下培育具有文化自信的英语教育者具有重要意义。例如，在英语语言学和应用语言学的课程中，学校除了传授语言的结构、语法规则和语言使用的情境分析外，还可以引入中国语言文化的比较研究。通过分析中英文化差异对语言使用的影响，英语教师可以深入了解中华文化的特点及其在语言表达中的体现。这种比较研究不仅能够增强未来教师的跨文化交际能力，还能激发他们对本土文化的自豪感和自信心。

在教授英语阅读和写作的课程中，学校可以选择反映中国社会、历史和文化的英文材料作为阅读和分析的对象。英语教师通过撰写这些材料的批评性文章，不仅锻炼了他们的英语写作能力，也让他们有机会深入探讨和表达对中华文化的理解。这样的课程设置有助于培养英语教师在未来教学过程中自信地讲述中国故事，传播中国声音。英语听说课程可以设计为以中华文化主题的演讲和讨论活动。例如，学校组织师范生就"中国传统节日的全球影响""中华文化在国际交流中的角色"等主题进行英文演讲和辩论，这不仅有助于提升他们的英语口语表达能力，还能增强他们对中华文化的信心，以及在英语教学中有效融入这些文化内容的能力。

通过这样全方位、多角度地在英语师范教育中融入文化自信的元素，未来的英语教师将能够更加全面和深入地理解中华文化及其价值，在全球化的教育环境中，能够更加自信和有效地进行英语教学，促进文化的交流与理解，培养出具有国际视野和深厚文化底蕴的新一代英语教师。

（三）教育学课程

在优化英语师范教育的教育学课程中，将文化自信的理念融入课程体系，对于培养未来具有全球视野同时扎根中华文化土壤的英语教师来说至关重要。这不仅要求教育学课程涵盖传统的教育理论和心理学知识，还需要特别强调在教学实践中展现和传播中华文化的深度和广度的方法，以及在跨文化交流中建立文化自信的方式。在教育心理学的课程建设中，学校可以通过分析中西方教育心理学理论的异同，让师范生深入理解中华文化对个体学习风格、学习动机和认知发展的影响。通过比较研究，未来的英语教师能够更好地理解学生的多样性，进而在教学设计中更加有效地融入中华文化元素，促进学生的全面发展。

在教育方法论课程建设中，学校可以引入具有中国特色的教学案例和实践策略，比如利用中国古典文学、历史事件或传统节日作为教学内容，设计跨文化交际的教学活动。这种教学方法不仅能够增强师范生对中华文化的深入了解和认同，还能激发他们在未来的英语教学中创造性地融合和展示中华文化，建立教学过程中的文化自信。在课程评估与教学反思环节设计中，教育专业课程可以鼓励师范生从文化自信的角度出发，反思和评价自己的教学设计和教学效果。通过教学日志、案例分析或小组讨论等形式，师范生能够在实践中不断探索更有效地在英语教学中传递中华文化的方法，以及在跨文化交流中建立和维护文化自信的手段。

四、提供外出交流学习的机会

在文化自信背景下，大学英语教师的专业素养提升不仅限于课堂内部的教学技巧和方法论的提高，还扩展到了全球视野下的文化交流和学术探索。外出交流学习的机会成了教师职业发展的重要途径。这一机会允许教师走出国门，直接接触英语为母语的国家和多元文化环境，通过与外国学者面对面的交流，教师能够提升自身语言技能和跨文化交际能力，同时深化对文化多样性的理解和尊重。

外出交流学习为教师提供了身临其境的学习环境，使教师能够在真实的语言环境中实践和检验自己的语言教学理论。这样的实践不仅能够提升教师的语言教学技巧，更重要的是，通过国际交流，教师可以观察和学习到不同教育体系中的教学方法和理念。对于英语教师来说，这种交流是提高教学质量的直接手段，也是个人职业生涯发展的跳板。在交流过程中，教师的文化自信也会得到提升。通过深入了解和分享中华文化，教师不仅可以增强外国同行对中华文化的理解，还可以在交流中坚定自身文化的自信心和自豪感。

外出交流学习对于构建教师的文化自信有着不可替代的作用。在与国际同行的互动中，教师可以展示中国的语言教学成果，分享中华文化的独特魅力。这样的文化输出不仅能够促进国际社会对中华文化的认识和尊重，还能够帮助教师形成全球化视野下的文化自信。通过外出学习，教师可以将中国传统文化与现代发展相结合，将中国故事讲述给世界听众，这不仅是对教师个人专业素养的提升，也是对文化自信的一种实践和展示。在这个过程中，教师的专业身份和文化身份相互融合，共同为推广中华文化和语言、提升国家软实力作出贡献。

五、鼓励教师开展终身学习

（一）终身学习的概念

终身学习是一个全面的教育观念，其核心理念在于学习和教育不应当仅限于学校教育阶段，而是一个人从摇篮到生命终点的持续过程。这一概念强调的是个人应对知识不断更新和技能不断提升的需求，无论是在正规的教育体系内还是在非正式的社会实践中，都应保持学习的态度和行为。

终身学习覆盖了从前期的学前教育、基础教育、高等教育，到后期的职业培训、成人教育、兴趣爱好发展等多个方面。它不仅包括传统的学术学习，还包括职业技能训练、社交技能提升、自我充实与发展等。终身学习让个体能够适应快速变化的社会环境，提高个体生活和工作的质量，也是社会经济发展和个人全面发展的基石。

这一概念也反映了现代社会对教育的需求不再是单次的、有限的学习过程，而是一个连续的、终生的发展过程。在这一过程中，个体被鼓励探索新知识、技能和兴趣，以保持其竞争力，并实现自我价值的目标。终身学习还涉及个体能够通过学习积极参与社会变革，并为社会的多元性、创新性和包容性做出贡献。

（二）终身学习的优势

1.对个人发展的优势

对个人而言，终身学习促进了知识和技能的不断更新。在现代社会，随着科技的快速发展和工作要求的持续变化，一次性的教育已经不足以支撑一个人的职业生涯。终身学习使个人能够适应这种快速变化的环境，保持自身技能的竞争力和相关性。它也有助于个人自我价值的实现，增强自信心，提高生活质量。通过不断学习，个人可以探索新的兴趣领域，开阔视野，促进创造力和批判性思维的发展。

2.对社会发展的优势

从社会的角度来看，终身学习推动了社会整体教育水平的提升，增强了社会的文化多元性。一个鼓励终身学习的社会能够更好地适应经济和社会的变化，提高其国际竞争力。终身学习有助于缩小社会差距，因为它提供了一个途径，让所有群体的成员都有机会继续提升自己的能力，无论他们的起点在哪里。

3.对经济发展的优势

在经济层面，终身学习对经济增长和发展同样至关重要。通过提供更加灵活和多样化的学习途径，终身学习可以提升劳动力的整体素质，提高劳动生产率。当工人能够适应新技术和新流程时，企业也能够更快速地创新，这对于推动经济增长和提高国家的竞争力至关重要。终身学习还有助于减少失业率，因为它给工人提供了重新培训和转型的机会，使他们可以在失业时更容易地回到劳动市场。

4.对建立文化自信的优势

终身学习对于建立和巩固教师的文化自信同样起着不可或缺的作用。通过持续的学习和实践，教师可以不断深化对本国文化的理解和认同，也能增强将这种理解和认同传递给学生的能力。终身学习使教师能够跟上时代的步伐，不断地从全球文化中吸收养分，以自信的姿态展示中华文化的独特魅力。在不断的学习中，教师可以将传统文化与现代教学相结合，不仅提升自己的教学质量，还能促进学生对中华文化的了解，从而在全球化的大背景下促进文化的交流和融合。

（三）教师开展终身学习的方法

在文化自信背景下，教师开展终身学习的方法可以从几个方面着手，这些方法不仅能够促进教师的个人成长和专业发展，而且能够帮助他们更好地理解和传播本国的文化，同时吸收和借鉴国际上的先进教育理念。

1.结合国情深入学习中国经典

在文化自信背景下，大学英语教师应当积极探索并深入研究中国经典，以此作为终身学习的重要组成部分。对于中国教师而言，《诗经》的历史价值、《论语》的哲学智慧，以及儒家思想的道德教育对教师本身的文化素养提升具有不可估量的影响。通过这样的学习，教师不仅能构建起坚实的文化自信，更能够在英语教学中将中华文化的独特魅力与全球语言教学相结合，创造出独具特色的课堂文化氛围。在课堂上，教师可以运用中国经典中的故事、成语，以及思想观念，举例说明英语中的相似或者对应表达，这样的比较教学不仅能够帮助学生更好地理解英语，也加深了他们对中国传统文化的认识和自豪感。

2.持续关注教育政策与改革

大学英语教师在终身学习的过程中，应密切关注国家的教育政策和教育改革的动向，这是他们专业成长的一个重要方面。新的教育政策背后的文化导向和教育目标对教师在教学实践中做出适应和创新至关重要。教育政策的更新反映了国家文化自信的深化和教育目标的提升，因此，教师需要适时调整教学策略，确保教学内容和方法与时俱进。教师应积极参与教育改革的讨论和实施过程，这不仅可以提升教师个人的专业影响力，还能通过实际行动促进教育的发展与革新。比如，教师可以在专业论坛上分享自己对于教育改革的见解和实践经验，参与制订学校教学计划或课程改革，进而推动学校教育质量的提升。在这个过程中，教师的文化自信将得到进一步强化，他们将成为中国教育和文化发展的积极推动者和实践者。

参考文献

[1] 秦盼泓.文化自信视域下大学英语教学的策略与路径［M］.北京：中国书籍出版社，2021.

[2] 张雪莉.文化自信视角下英语教学中跨文化交际能力培养路径探索［M］.北京：九州出版社，2021.

[3] 苏芹.当代大学英语教育背景下中国EFL学习者文化自信培育研究［M］.北京：九州出版社，2021.

[4] 蔺蕴洲，史丽红.大学英语文化教学理论阐释及创新视角研究［M］.长春：吉林大学出版社，2020.

[5] 束定芳.英语教育与教学研究：第4辑［M］.上海：上海外语教育出版社，2021.

[6] 王琳琳，穆海博，李晓婧.文化自信背景下大学英语教学中的中国传统文化渗透研究［M］.北京：中国纺织出版社有限公司，2019.

[7] 刘文媛.跨文化交际视域下文化自信的培养［M］.天津：天津大学出版社，2019.

[8] 周忠华.走向文化自信的历程［M］.湘潭：湘潭大学出版社，2021.

[9] 陈德述.中华文化自信论［M］.成都：巴蜀书社，2022.

[10] 林柏成.中国特色社会主义文化自信研究［M］.北京：光明日报出版社，2023.

[11] 蔡静.跨文化交际中的文化自信研究［M］.北京：新华出版社，2022.

[12] 张妮.文化名家谈文化自信：《环球时报》记者访谈录［M］.北京：人民日报出版社，2021.

[13] 周津茹.文化自信视域下中华文化融入高职英语教学实践研究［J］.晋城职业技术学院学报，2023，16（5）：71–74，78.

[14] 张洪霞,陈昕.文化自信视野下的大学英语教学创新探索[J].海外英语,2023(17):158-160,163.

[15] 李小玲,李丽.文化自信视域下中华优秀传统文化融入高校英语教学的路径研究[J].中国多媒体与网络教学学报(上旬刊),2023(9):205-208.

[16] 曲晓慧.多元文化背景下大学英语教学中文化自信研究[J].黑龙江教师发展学院学报,2023,42(8):68-71.

[17] 周荃.文化自信理念下高职英语课程中"一体三面"思政能力培养探析[J].海外英语,2023(14):238-240.

[18] 郭奉红.大学英语教学中的文化安全路径探析[J].鄂州大学学报,2023,30(4):34-37.

[19] 黄黎容.文化自信视域下的高职英语教学改革探究[J].吉林省教育学院学报,2023,39(7):34-38.

[20] 郭盈,李佳莲.论文化自信视域下的大学英语教学[J].长春大学学报,2023,33(6):104-108.

[21] 桂祯,钟玲俐.文化自信视角下商务英语专业课程思政教学的路径:以国际商务英语谈判课程为例[J].湖南科技学院学报,2023,44(3):85-88.

[22] 吴菲.文化自信背景下艺术专业大学英语教学改革研究[J].湖北开放职业学院学报,2023,36(12):188-189,192.

[23] 黄艳彬,黄小榕,李晗.文化自信导向下医学院校大学英语跨文化教学生态要素优化研究:以厦门医学院为例[J].高教学刊,2023,9(18):102-105.

[24] 王艳红.英语教学助力中医药文化自信培育的策略[J].西部素质教育,2023,9(12):72-75.

[25] 朱政贤.文化自信视域下中华优秀传统文化融入成人英语教学的策略研究:以国家开放大学人文英语系列课程为例[J].新疆开放大学学报,2023,27(2):32-36.

[26] 孙晓梅.文化自信引领公共英语课程思政教学[J].辽宁工业大学学报(社会科学版),2023,25(3):123-126.

[27] 宁岩,李夏斌.海南高职院校英语教学中文化育人体系研究[J].中

国多媒体与网络教学学报（中旬刊），2023（6）：217-220.

[28] 毕玉欣．文化自信背景下二外英语课堂中国文化教学策略［J］．英语广场，2023（16）：69-72.

[29] 付玉梅．新课标下中华优秀文化融入高职英语教学探究与实践［J］．海外英语，2023（10）：194-196.

[30] 王金铭．中华优秀传统文化融入高职英语教学路径探究［J］．海外英语，2023（10）：222-224.

[31] 丁丽娟．文化自信视阈下中华优秀传统文化融入高职英语课程的教学实践［J］．英语广场，2023（15）：81-84.

[32] 韩小卫，王宏，陈飞．大学英语教学中坚定文化自信教育的途径研究［J］．保定学院学报，2023，36（3）：108-110.

[33] 刘列斌．文化自信视阈下的大学英语教学探索［J］．湖北经济学院学报（人文社会科学版），2023，20（5）：151-153.

[34] 宋杨．文化自信视域下高校商务英语教育教学创新与实践：评《商务英语研究》［J］．应用化工，2023，52（5）：1621.

[35] 许超．中华文化视域下的大学英语教学［J］．英语广场，2023（13）：70-74.

[36] 徐丽丽．"文化自信"视域下中华文化融入大学英语教学路径探析［J］．现代英语，2023（9）：64-67.

[37] 卢晓方．以文化自信为导向的高校英语跨文化教育教学分析［J］．吉林省教育学院学报，2023，39（4）：74-78.

[38] 代明．大学英语教学中学生文化自信的培养探讨［J］．品位·经典，2023（7）：46-48.

[39] 边瑞瑞．文化自信视角下高校英语教学中茶文化的导入［J］．福建茶叶，2023，45（3）：99-101.

[40] 李丹阳．基于文化自信的中华优秀传统文化融入大学英语教学路径研究［J］．科教文汇，2023（5）：59-62.

[41] 康莉．文化自信视角下的职业院校英语教学模式研究：以酒店服务与管理专业为例［J］．产业与科技论坛，2023，22（6）：192-193.

[42] 林琪．将文化自信意识融入小学英语教学的实践探究［J］．亚太教育，2023（5）：160-163.

[43] 芮园玲.文化自信视域下的初中英语文化教学探究［J］.中国民族博览，2023（4）：233-235.

[44] 卢梵.英语语言能力提升与文化自信培育的协同发展路径研究［J］.品位·经典，2023（4）：73-76.

[45] 王莲莲."文化自信"视域下中华文化融入大学英语教学路径研究［J］.重庆电子工程职业学院学报，2023，32（1）：100-104.

[46] 寇彩霞.高中英语教学中增强学生文化自信的有效策略［J］.华夏教师，2023（5）：18-20.

[47] 孙丽萍.文化自信背景下高校英语教学中中国文化影响研究［J］.科学咨询（科技·管理），2023（1）：175-177.

[48] 赵侠.论新时代高职公共英语提升文化自信教学策略［J］.山西广播电视大学学报，2022，27（4）：53-57.

[49] 江敏，李佩瑶.文化自信意识融入高职英语课堂的路径研究［J］.湖北开放职业学院学报，2022，35（24）：193-194，198.

[50] 符娅.文化自信视域下地方文化融入高职英语教学实践探究：以中原文化为例［J］.成都航空职业技术学院学报，2022，38（4）：31-33，38.

[51] 陈衍新.文化自信视域下酒店英语专业课程思政建设的教学方式探赜［J］.现代职业教育，2022（43）：139-142.

[52] 叶晓兰.课程思政背景下基于大学英语教学提高文化自信的路径研究［J］.产业与科技论坛，2022，21（23）：150-152.

[53] 李俊蕊."文化自信"背景下高职院校大学英语课程教学模式探究［J］.开封文化艺术职业学院学报，2022，42（11）：66-68.

[54] 郭增霞."产出导向法"视域下文化自信在大学英语教学中的实践探究［J］.海外英语，2022（21）：116-118.

[55] 杨贝艺.高职英语教学中渗透中华优秀传统文化的有效途径［J］.长春教育学院学报，2022，38（5）：62-66.

[56] 王秀.文化自信视域下大学英语教学的改革路径［J］.鞍山师范学院学报，2022，24（5）：104-107.

[57] 姜秋仁.指向文化自信教育的高中英语教学实践与思考［J］.亚太教育，2022（20）：183-185.

[58] 倪筱燕.文化自信背景下大学英语教学创新策略［J］.海外英语,
2022（19）：131–132.

[59] 陈曌.文化自信视域下的中职英语教学模式探究［J］.海外英语,
2022（17）：158–159.

[60] 李红.文化自信背景下大学英语教学渗透茶文化的研究［J］.福建茶叶,
2022,44（10）：105–107.

[61] 严婷.文化自信背景下高校英语教学中茶文化渗透研究［J］.福建茶叶,
2022,44（10）：111–113.

[62] 陈煌狄,钱衡.刍议思政元素在初中英语教学中的运用［J］.海外英语,
2022（20）：159–160.

[63] 林翔.文化自信视域下高校英语跨文化教学策略研究［J］.广东轻工
职业技术学院学报,2022,21（4）：50–54.

[64] 尚睿,彭晶.理工科大学英语教学中的中国文化自信提升探析［J］.
池州学院学报,2022,36（4）：109–111.

[65] 李娟.文化自信下中华传统文化在英语教学中的融入讨论［J］.海外
英语,2022（16）：131–132.

[66] 陈凤兰.从文化自信与中国故事看高校英语教学价值取向［J］.三明
学院学报,2022,39（4）：111–116.

[67] 周凯妍.文化自信视域下基于产出导向法的大学英语教学研究［J］.
延边教育学院学报,2022,36（4）：36–39.

[68] 李晓丽.文化自信视域下大学公共英语教学策略探析［J］.福建商学
院学报,2022（4）：89–94.

[69] 赵婷,蒋宁.文化自信视域下大学英语跨文化教学路径探究［J］.海
外英语,2022（14）：153–155.

[70] 孙建华.文化自信视域下英语课程跨文化交际能力的培养途径研究[J].
海外英语,2022（13）：193–194.

[71] 石戈.指向"文化自信"的高中英语文化意识教学途径探究［J］.福
建教育学院学报,2022,23（6）：40–42.

[72] 杨惠敏.高职英语教学培育文化自信的困境与对策［J］.苏州市职业
大学学报,2022,33（2）：67–71.

[73] 薄丽丽.文化自信教育融入大学英语教学的措施分析［J］.山东农业

工程学院学报，2022，39（5）：115–119.

[74] 麻淑涛，王江曼，田力.文化自信在大学英语教学中的培养路径研究[J].科教文汇，2022（8）：55–57.

[75] 骆敏，徐敏娜.大学英语思政教学中的文化自信培养探究[J].海外英语，2022（7）：131–132.

[76] 闻茹，张冬花.文化自信视域下中华文化在高校大学英语教学中的摄取与融合研究［J］.海外英语，2022（6）：147–149.

[77] 陈佳玫.大学英语教学中培养中国文化自信的途径研究［J］.江西电力职业技术学院学报，2022，35（1）：53–55.

[78] 郭亚萍，王虹霞.中国优秀传统文化融入大学英语教学的路径研究[J].现代英语，2022（1）：106–109.

[79] 游瑞华.大学英语教学中培养学生文化自信的路径探究［J］.湖北开放职业学院学报，2021，34（24）：184–186.

[80] 袁薇薇.文化自信视野下的大学英语教学创新探索［J］.英语广场，2021（36）：88–90.

[81] 袁雪.大学英语教育中学生文化自信的培育探索［J］.普洱学院学报，2022，38（3）：106–108.